JN302457

大阪大学総合学術博物館叢書10

野中古墳と「倭の五王」の時代

序　言

　大阪大学文学部により発掘調査がなされた大阪府藤井寺市の野中古墳は、国の「世界遺産暫定リスト」に記載された「百舌鳥・古市古墳群」に含まれています。このうち藤井寺市から羽曳野市にかけて広がる古市古墳群は、今から1500年から1600年も前に築かれた巨大な前方後円墳が数多く存在する遺跡として知られており、「倭の五王」が活躍したとされる時代を物語る貴重な歴史遺産です。

　全長が200mを超える大型古墳がいくつもある古市古墳群のなかで、野中古墳は1辺が40mにも満たない比較的小さな古墳だったのですが、そこから出土した資料は質・量ともに充実しています。

　とりわけ、11領が出土した鉄製甲冑（ヨロイ・カブト）は、わが国でも随一の出土量を誇ります。また、そのうちの3領の襟付短甲と呼ばれる珍しい形をした甲は、全国で10箇所足らずの古墳でしか出土しておらず、革製の冑に付けられた三尾鉄と呼ばれる装飾品も、金銅が用いられたものは他に類例がないとのことです。このように、野中古墳は学術的価値の高い出土品がそろっており、古墳時代を代表する重要な遺跡の1つとみなされています。

　ただ、野中古墳から出土した金属製品は錆で覆われて脆くなっていたり、破損していたりしたこともあって、簡単には取り扱いがたい状況のままで保管されてきました。そして、出土から時日も経過するうちに、鉄製品の劣化も進行してきました。これらの状況をふまえ、このたび大阪大学では文学研究科を挙げて、これらの出土品を保存するために、理化学的な処理や復元作業を行う新たな事業に踏み切ることにいたしました。

　幸いにも、この古墳から出土した甲冑類の保存修復については、文化庁から文化遺産地域活性化推進事業として補助金を受けることができました。また、朝日新聞文化財団や住友財団など各種の民間の助成金も幾年かにわたり受給することができました。ここに、関係の諸機関に対して、厚く御礼を申し上げる次第です。

　本書では、これらの修復の成果をいち早く披露いたしたいと考えております。あわせて、大阪大学文学部が発掘調査を行ってきました河内周辺における古墳からの出土品などを取り上げ、謎の多い「倭の五王」の時代を解明するためのさまざまな研究の取り組みについてもご紹介いたします。

　野中古墳が発掘されたのは1964年3月のことであり、ちょうど50年が経過したことになります。その記念すべき年に合わせて修復作業が進み、本書を上梓できたことを慶びとしたいところです。

　最後になりましたが、本書の刊行にあたって御世話になりました皆様に改めて感謝を申し上げるとともに、「地域に生き、世界に伸びる」を基本理念とする大阪大学といたしましても、本書が古市古墳群の歴史的意義に関する理解を深め、世界遺産登録に向けての地域活性化を支援する一助となることを心より願っております。

2014年1月

大阪大学大学院文学研究科長
永　田　　靖

目次

第1部　図説「野中古墳と河内の古墳」

巻頭図版　　　　　　　　　　　　　　　　　　　　　　　　　　　　　　　　2

1　「倭の五王」の時代を探る
(1)「倭の五王」の時代と考古学　　　　　　　橘　泉、桐井理揮　　　　　5
(2) 野中古墳の発掘調査　　　　　　　　　　中久保辰夫　　　　　　　6
◆コラム①　野中古墳発掘調査の学史的意味　　橋本達也　　　　　　　8

2　政の要は軍事なり ―武器と武具―
(1) 甲冑　　　　　　　　　　　　　　　　　三好裕太郎　　　　　　　9
◆コラム②　甲冑の種類と部位名称　　　　　鈴木一有　　　　　　　　24
(2) 鉄刀・鉄剣・鉄鉾　　　　　　　　　　　ライアン・ジョセフ　　　27
(3) 鉄鏃　　　　　　　　　　　　　　　　　三好裕太郎　　　　　　　27

3　技術の革新と古墳祭祀
(1) 新式農工具の出現と大開発の時代　　　　竹内裕貴　　　　　　　　30
(2) 土器からみる東アジア交流　　　　　　　佐伯郁乃、桐井理揮、中久保辰夫　　32
(3) 古墳の儀礼と埴輪・石製品　　　　　　　橘　泉、上田直弥　　　　36

4　古市古墳群の形成と内実
(1) 古市古墳群出現前夜　　　　　　　　　　上田直弥　　　　　　　　41
(2) 墓山古墳・誉田御廟山古墳とその陪冢　　橘　泉、ライアン・ジョセフ　45
(3) 東アジア情勢と古市・百舌鳥古墳群　　　中久保辰夫　　　　　　　47
◆コラム③　陪冢という古墳　　　　　　　　中久保辰夫　　　　　　　48

第2部　論考「野中古墳をめぐる諸問題」

古市古墳群成立の背景を考える　　　　　　　福永伸哉　　　　　　　　50
野中古墳における甲冑の大量埋納と倭政権の武装　橋本達也　　　　　　52
野中古墳の築造時期と陪冢論　　　　　　　　鈴木一有　　　　　　　　57
襟付短甲の諸問題　　　　　　　　　　　　　阪口英毅　　　　　　　　66
野中古墳出土短甲の比較検討　　　　　　　　三好裕太郎、竹内裕貴　　68
野中古墳出土土器の性格と意義　　　　　　　中久保辰夫　　　　　　　72
野中古墳の形象埴輪　　　　　　　　　　　　橘　泉　　　　　　　　　80
古市・百舌鳥古墳群の被葬者像　　　　　　　高橋照彦　　　　　　　　84
野中古墳出土甲冑の保存修理と立体展示
　―有機質製冑の復元的立体展示を中心として―　塚本敏夫　　　　　　86
英文目次ほか　　　　　　　　　　　　　　　ライアン・ジョセフ　　　92

例　言

1　本書は、平成25年度文化遺産地域活性化推進事業（史跡及び埋蔵文化財公開活用事業費）野中古墳出土品保存活用事業の一環として、大阪大学総合学術博物館にて開催した「野中古墳と「倭の五王」の時代」（主催：大阪大学大学院文学研究科・大阪大学総合学術博物館、協力：大阪大学21世紀懐徳堂、会期：2014年2月1日～3月22日）にあわせて刊行した。

2　本書の編集は、大阪大学大学院文学研究科 福永伸哉の監督のもと、同研究科 高橋照彦、中久保辰夫が中心に行い、大阪大学大学院文学研究科大学院生の全面的な協力を得た。第1部コラムならびに第2部については鹿児島大学総合研究博物館 橋本達也氏、浜松市文化財課 鈴木一有氏、京都大学大学院文学研究科 阪口英毅氏、元興寺文化財研究所 塚本敏夫氏に玉稿を賜った。各項目の執筆分担は、文末に示した。上掲以外の執筆者はいずれも大阪大学大学院文学研究科大学院生である。

3　掲載遺物のうち特記しないものは、いずれも大阪大学所蔵品である。野中古墳ならびに大阪大学の河内における古墳の調査時の写真や図面は、基本的に北野耕平氏による。また、遺物写真はいずれも大阪大学保管のもので、Fig.56・58・63～65・69・70・73・74を除いて寿福写房により撮影をしていただいた。58は堺市博物館、69・70は二上山博物館による撮影写真を用いた。御礼申し上げます。

4　展示品の保存修復にあたっては、大阪大学内経費のほか、文化庁補助金、朝日新聞文化財団・住友財団による助成金を受けた。ここに記して深甚の御礼を申し上げたい。

第1部
図説「野中古墳と河内の古墳」

古市古墳群
（手前の大型古墳が墓山古墳、奥の巨大古墳が誉田御廟山古墳）

第1部 　図説「野中古墳と河内の古墳」

巻頭1　野中古墳出土甲冑

巻頭2　10号甲冑（三角板革綴襟付短甲、革製衝角付冑）

第1部　図説「野中古墳と河内の古墳」

巻頭３　野中古墳出土鉄製農工具
左列上段：刀子１点、手鎌５点、左列下段：鍬鋤先（方形４点、Ｕ字形１点）、右列：斧頭６点

巻頭４　野中古墳出土石製品・土製品
上段左：石製模造品（刀子形20点）、上段右上：石製模造品（斧形１点）、上段右下：勾玉１点、管玉２点、最下段左：石製模造品（鎌形２点）、
最下段中央：石製紡錘車１点、最下段右：土製紡錘車２点

1　「倭の五王」の時代を探る

(1)「倭の五王」の時代と考古学

　5世紀の東アジア世界において、日本列島の中央をおさめた国は、「倭」あるいは「倭国」と呼ばれていました。この時期の倭については、文字によって記録された文献史料が数少ないものの、「倭の五王」が活躍した時期にあたると伝えられています。「倭の五王」とは、讃・珍・斉・興・武という、倭国を統治した5人の王の総称です。中国の歴史書である『宋書』によれば、中国王朝である宋（劉宋）へ、421・425年に倭王讃が、438年に珍が、443年に済が、462年に興が、478年に武がそれぞれ朝貢しており、倭王武は479年に鎮東大将軍に任命されたと記されています。

　この「倭の五王」が活躍したのは、大阪平野に誉田御廟山（伝応神天皇陵）古墳、大仙陵（伝仁徳天皇陵）古墳を代表とする古市・百舌鳥古墳群が築造された時期でもあります。この古市・百舌鳥古墳群には、「倭の五王」を含む5世紀代の倭王が葬られていると、考古学研究者は考えています。しかし、「倭の五王」が葬られた古墳を特定し、その時代を復元することは、容易なことではありません。同時代に記された文献史料がほとんどなく、しかも古市・百舌鳥古墳群の巨大古墳では本格的な発掘調査がなされていないことも、研究の制約となっています。

　しかし、この時代を考える手がかりがまったくないわけではありません。近畿および各地における古墳や集落遺跡、生産遺跡の発掘調査、そして考古学研究の進展により、「倭の五王」の時代に関する知見は徐々に積み上げられてきました。特に巨大な前方後円墳の周辺に位置する陪冢と呼ばれる小規模な古墳には、当時の武器や武具、農耕や日常生活の道具、海外の土器や伝統的な祭器など、数多くの器物が埋納されています。それはタイムカプセルのように、「倭の五王」が活躍した時代の政治や社会、経済や外交、生活や文化を理解する上で欠かせない資料を提供してくれます。

　本書では、古市古墳群に含まれる陪冢の1つ、大阪府藤井寺市の野中古墳から出土した遺物を中心に取り上げます。1964年に大阪大学文学部国史研究室によって発掘調査された野中古墳は、1辺が40m足らずの方墳であり、それほど規模が大きくないにもかかわらず、11領の甲冑と多量の武器類や須恵器、埴輪、鉄製農工具、石製祭祀具などが発見された、重要な古墳です。いまだ謎が多い日本古代史ですが、以下では野中古墳やその周辺の古墳から出土した遺物などを通じて、「倭の五王」の時代を考えてみたいと思います。

（橘　泉・桐井理揮）

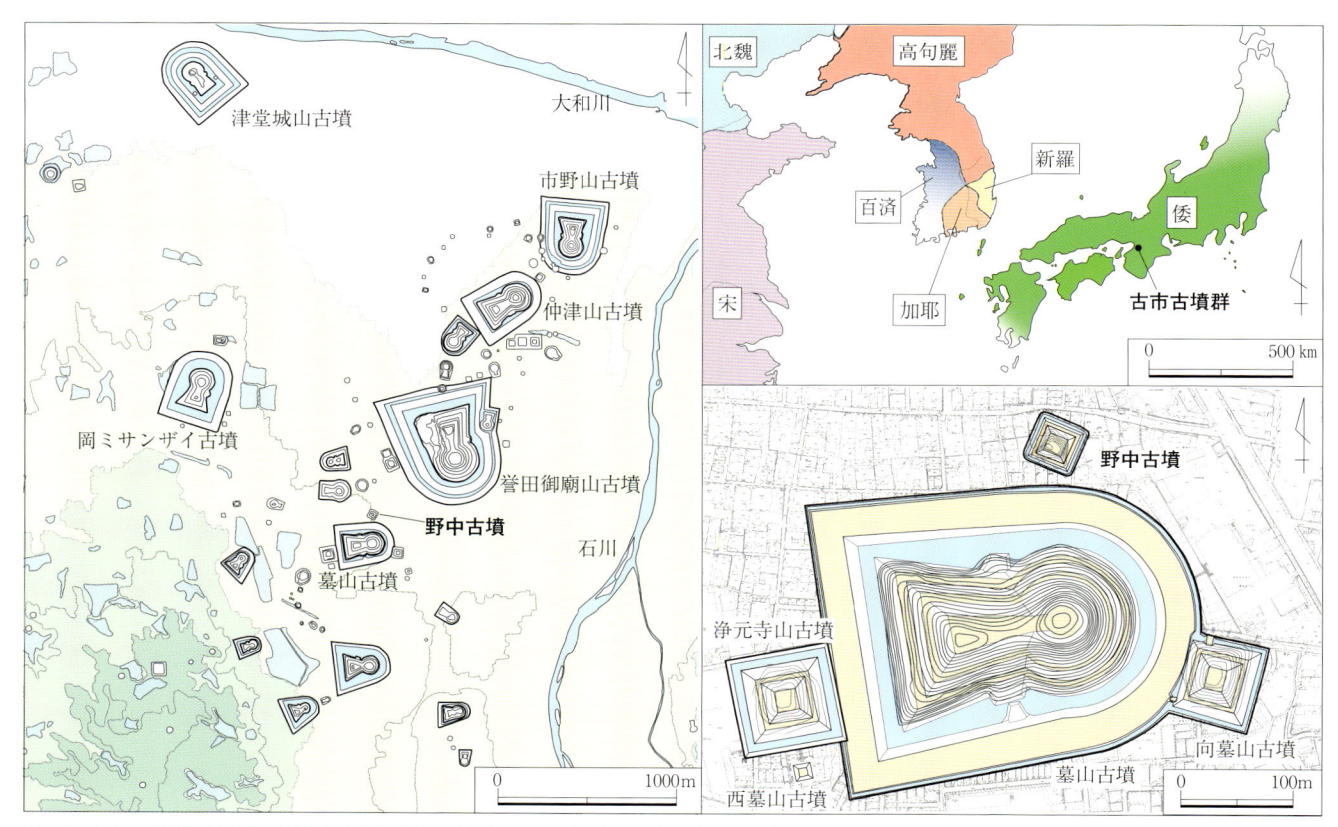

Fig.1　古市古墳群（左図）と野中古墳の位置（右上は5世紀頃の日本列島周辺図）

第1部 | 図説「野中古墳と河内の古墳」

(2) 野中古墳の発掘調査

　野中古墳は、大阪府藤井寺市野中3丁目に位置し、墳丘の1辺が37mを測る中規模の方墳です。野中古墳が築かれた古墳時代中期という時期は、5世紀にほぼ相当しますが、古市・百舌鳥古墳群という古墳時代最大規模の古墳群が、現在の大阪府堺市・藤井寺市・羽曳野市にわたって形成されました。野中古墳は古市古墳群のほぼ中央に位置し、すぐそばには墓山古墳という墳丘全長225mにも及ぶ巨大な古墳が築かれています。考古学では、墓山古墳のような大型の古墳を「主墳」とし、それに従属するように周囲に築造された野中古墳のような中小規模の古墳を「陪冢」と名付けています。

　「うらやぶ」と呼ばれていた野中古墳の所在地は、調査がなされるまで古墳があるのかといったことでさえ、わかっていませんでした。しかし、1964年に大阪大学文学部国史研究室の助手をつとめていた北野耕平氏が発掘調査を実施し、それによって、野中古墳は当時の政治社会や対外交流を知る上で、貴重な手がかりを有することが判明しました。

　野中古墳の頂上に広がっていた東西13m、南北8mほどの平坦な面を手鎌やシャベルを用いて草根を剥ぎとり、掘削を進めると、大量の土器や埴輪の破片、農具や工具をかたどった石製品があらわれました（Fig.3-2〜4）。古墳時代には遺骸を埋葬し、埋め戻した後に古墳の墳丘頂上でさまざまな儀礼がなされています。野中古墳においても土器や埴輪、石製品といった古墳の墳頂上で儀礼に用いられた品々が発見されたわけです。

　出土した遺物の数々を記録し、取り除いた後、地表面から深さ1mほど掘り下げると、赤褐色に錆びた鉄板がみつかりました。さらに慎重に掘り進めると、列をなした甲冑が姿を現し始めます。おびただしい数の鉄鏃、鉄製の剣と刀、農工具、舶来の土器、儀礼用の道具など多量の出土品も、次々と掘り出されていきました（Fig.3-5〜10）。古市古墳群の中では、比較的小さな古墳であるにもかかわらず、当時の貴重な鉄資源をふんだんに用いた器物が大量に埋納されていることが判明したのです。それらは精密な図面、写真、そして当時は非常に珍しかったカラー8mmフィルムを用いて、記録されました。

　Fig.2は、数々の副葬品が出土した位置を示したものです。腐朽した木櫃をその緊結具である釘を手がかりとして復元すると、元来は木櫃が列状に並べられ、それぞれに副葬品が納められていたことがわかります。西より第1列遺物群、第2列遺物群と順に呼び分けられ、4列の出土状況が図化されています。野中古墳には5列の遺物群が検出されていますが、第5列遺物群は第4列より2m離れた位置にあり、農工具が納められていたと推測されています。第3〜5列は後世の攪乱によって本来の状態をとどめていませんが、第1・第2列遺物群は埋納がなされた当時の様相が非常によくわかる形で残っていました。10領もの甲冑が一列に整然と並んで検出された第1列遺物群は、古墳時代中期という時期を象徴する壮観さです。

　　　　　　　　　　　　　　　　　　（中久保辰夫）

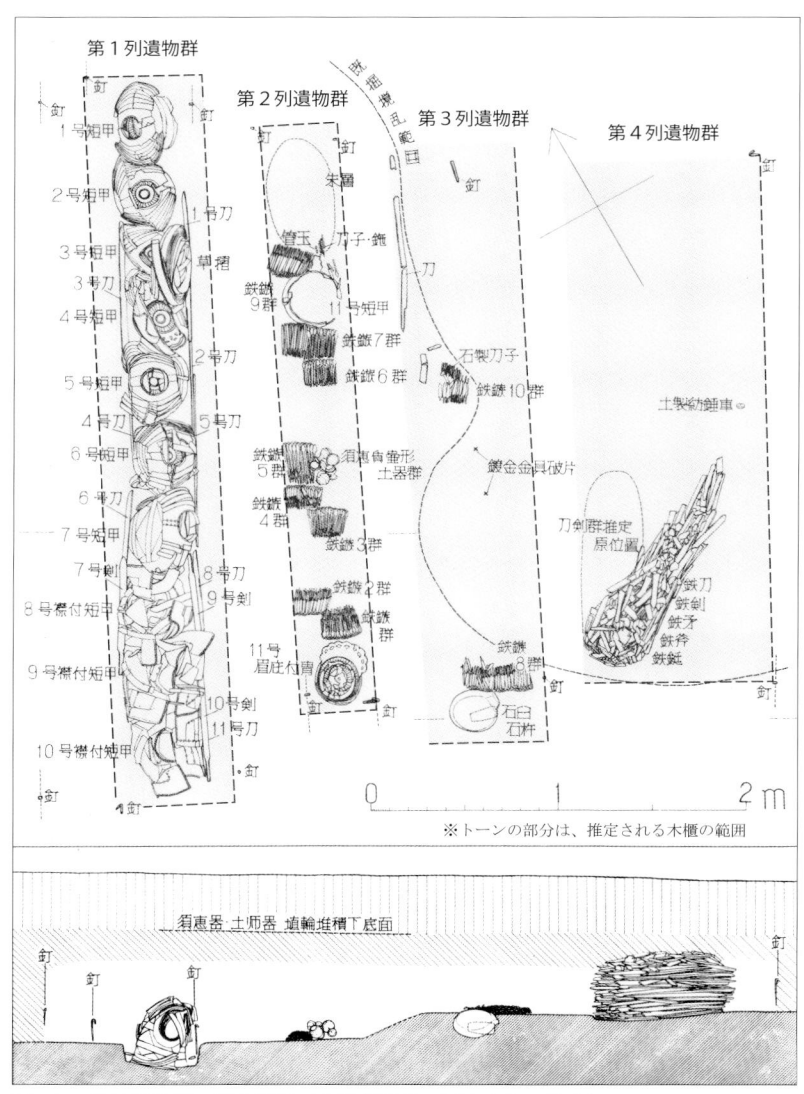

Fig.2　埋納遺物列の出土状況（北野耕平氏の図をもとに作成）

1．野中古墳発掘調査遠景
2．土層の堆積状況
3．古墳墳頂より出土した土器・埴輪・石製品・鉄製品
4．土師器・埴輪の検出
5．革製衝角付冑・襟付短甲・鉄剣類の検出状況 
6．埋納施設第1～4列の遺物群の検出
7．第1列遺物群の甲冑列
8．草摺の出土状況
9．取り上げた短甲内の眉庇付冑の内面
10．11号眉庇付冑と鉄鏃

Fig.3　野中古墳の発掘

◆コラム①

野中古墳発掘調査の学史的意味

　北野耕平氏を調査担当者として大阪大学が野中古墳を発掘調査したのは1964（昭和39）年3月から7月のことで、2014年3月にちょうど50周年を迎えます。ここでは、この調査成果が果たした考古学研究上の役割について概観しましょう。

●「五世紀における甲冑出土古墳の諸問題」

　野中古墳の調査成果を最初に利用したのは調査参加者でもある野上丈助氏でした（野上1967）。甲冑の製作技術・生産組織について考察した著名な論文の中に登場します。

　つづいて、北野氏自身が1969（昭和44）年、『考古学雑誌』第54巻第4号に掲載の「五世紀における甲冑出土古墳の諸問題」で詳しく取りあげています。この論文では野中古墳の調査概要の紹介に始まり、他の鉄器大量埋納古墳との比較からその副葬に至った背景、ヤマト政権の鉄資源独占と斉一的な甲冑の一元生産・配布による優位性、副葬形態に表われる軍事組織や中央−地方関係を読み取り、甲冑には政治性が強く反映されていることを論じました。

　これらは、1980〜90年代に活性化した古墳の甲冑保有形態から首長層の性格や地域相を追求する研究の先駆けとなり、また甲冑とヤマト政権との関係を明快に論じた古墳時代研究の新地平を拓く画期的な視点でした。むしろ、その後に通説化し、野中古墳の成果によって北野氏が構築した論説であったことが意識されなくなったといえるほど、今日の古墳時代像の基層となるものです。

●『河内野中古墳の研究』

　そして、野中古墳の調査成果は1976（昭和51）年に『河内野中古墳の研究』として結実します。出土資料が重要なだけではなく、資料情報を視覚的に訴える美しい実測図、見事に空間を切り取った鮮明な写真、成果を伝える的確な文章や挿図、古墳の性格をさまざまな角度から検討する序説と考察など、発掘調査報告書という書誌において学史上最も傑出した一冊といってもまず異論はないでしょう。

　遺物の出土状況図と甲冑が列をなす写真は古墳時代中期という"巨大古墳の時代"、"倭の五王の時代"を語る上では一般書から研究書まで欠かせないものとなりました。十分な調査記録のない古墳が多い古市・百舌鳥古墳群の実態を伝えるものとしても重要な役割を担いました。

　また、甲冑・鉄鏃・農工具・石製模造品の型式学的研究、

Fig. 4　発掘調査中の北野耕平氏

武器・武具の保有形態と軍事組織論、鉄器の大量埋納と陪冢論、古市・百舌鳥古墳群と古墳時代中期政権論などさまざまな研究に示唆を与えてきました。特に甲冑の評価は古墳時代中期のヤマト政権にかかわる研究において多くの学説を生み出すことになりました。よく知られている藤田和尊氏の甲冑保育形態論（藤田2006）、田中晋作氏の常備軍論（田中2001）といった学説も野中古墳の調査成果なくしてはその核心に迫ることは難しかったのではないでしょうか。

●調査成果の再発見

　近年、8mmフィルム動画やカラーポジフィルムが良好な状態で保存されていたことが明らかになりました。甲冑は調査時に樹脂を塗って固めていたため長らく観察には困難を伴いましたが、今回の保存処理によってむしろ樹脂下に良好な表面状態の残存していることが判明しました。押しつぶされた状態で出土した襟付短甲はサラシで裏打ちして固定されていたため、後の復元が容易に行えました。

　発掘調査当時には稀であった資料記録法、脆弱遺物の取り上げ法といったさまざまな手法が実践されており、今回50年の年月を経て、なお新たな情報を加えることができたのです。遙か先を駆けていた北野耕平氏の調査にようやく時代が追いついたように思われます。

（橋本達也）

参考文献
田中晋作　2001『百舌鳥・古市古墳群の研究』学生社
野上丈助　1968「古墳時代における甲冑の編年とその技術史的意義」『考古学研究』第14巻第4号
藤田和尊　2006『古墳時代の王権と軍事』学生社

2　政の要は軍事なり ―武器と武具―

(1) 甲冑

　野中古墳を特徴づける出土遺物は、日本全国屈指の数を誇る11領もの鉄製甲冑です。身を守る武具である甲冑の使用は、日本列島では弥生時代中期、紀元前にまでさかのぼります。しかし、弥生時代には鉄製の武器は使用されていても、鉄製の武具はいまだ発見されていません。鉄製甲冑は、3世紀中葉から始まる古墳時代に出現し、4世紀末葉から5世紀にかけて、すなわち古墳時代中期において古墳に埋納される事例が増加します。野中古墳は、当時のエリート層に愛好された数々の甲冑が古墳に埋葬された時期、まさに「甲冑の世紀」ともいえる時期を代表する古墳です。

　当時の日本列島は、自国内で製鉄ができず、鉄資源をもっぱら朝鮮半島南部に頼っていました。また、鍛冶の技術的水準も限られていました。しかし、野中古墳が築造された5世紀における鉄製甲冑を観察すると、最新技術が集約されていることが判明します。貴重な鉄資源と最新鋭の鉄加工技術は近畿地域に基盤をおいた中央政権によって独占されており、甲冑は中央政権の管理下にある工房で生産されていたと考えられています。関東から南九州に至るまで統一された規格と技術を用いた甲冑が古墳から出土しているためです。

　中央政権膝下の工房で作られた甲冑は、全長100mを超すような大型の古墳のみならず、中小の円墳・方墳にも副葬されています。そして、甲冑を副葬した古墳には、中央政権と政治的・軍事的な結びつきを持つ各地の有力者が埋葬されていると考えられています。甲冑は単なる身を守る武具ではなく、政治的あるいは軍事的な地位を示す象徴的な器物でした。したがって、甲冑という1つの考古資料から古墳時代中期という時期を探ることが可能になります。

　野中古墳から出土した甲と冑の組み合わせには、大きく2種類があります（24・25頁コラム②参照）。

　1つの組み合わせは、胴体を守る短甲、頸から胸を保護する頸甲、肩から上腕までを覆う肩甲、そして頭に装着する眉庇付冑からなる装備です。腰から太腿にかけてスカート状に広がる草摺という防具も1個体検出されており、少なくとも下半身まで防具がそろう一式も存在したようです。短甲、頸甲、眉庇付冑には鉄板を鉄鋲でつなぎ留める鋲留技法が用いられていました。これらの上半身の大部分を防御することのできる武具の組み合わせは、全体で重量がおよそ6kgになる重装備です。出土状況から、この重装の武具には鉄刀が伴うこともわかりました。

　もう1つの組み合わせは、胴部と後背部から後頸部までを保護する襟付短甲と革製衝角付冑からなる装備一式です。上腕を覆う肩甲は伴わず、比較的な軽装の武具ということができるでしょう。襟付短甲は鋲留技法によって鉄板はつながれておらず、鉄板の各所に穿たれた孔に革紐を通して組み上げられていました。こうした短甲を革綴襟付短甲と呼んでいます。こうした甲冑の付近からは鉄剣が出土しており、鉄剣がこの装備で用いられた武器であることが推測されます。

　すなわち、野中古墳には2種類ある甲冑の組み合わせから通有の武装と特殊な武装とが推測されます。そして、前者にみられる新たな技術である鋲留技法を採用した装備は、野中古墳が築造された時期に鑑みると最新式にあたり、革綴技法を用いた装備は、伝統的あるいは儀礼的といったような特別な意味を有する武装であるということができます。

Fig.5　野中古墳出土甲冑の装着復元図

第1部 　図説「野中古墳と河内の古墳」

短甲　短甲とは胴体を守る防具であり、板状の部材で構成されています。肩に紐（ワタガミ）をかけ、前胴も紐（腰緒）を結ぶことで胴体に密着させ、装着します。

　短甲は幅約4cmの細長い鉄板（帯金）をもとに枠組みを作り、その帯金の間をさまざまな形の鉄板（地板）を何枚もつなぐことで製作します。こうして作られる甲冑を帯金式甲冑と呼びます。野中古墳では帯金の間に三角形の板を用いたものと、横長で大型の長方形の板（横矧板）を用いたものがあります。先に説明しましたように、鉄板をつなげる技術には、革綴技法と鋲留技法の2者があり、後者は朝鮮半島からもたらされた新来の技術です。また、横矧板を用いて短甲を作る技術も野中古墳の時期から導入されました。考古学では、地板の形状と連結技術によって短甲を呼び分けており、例えば三角形の板を鋲留の技法を用いて組み上げた甲は、三角板鋲留短甲と分類されます。

　野中古墳では、三角板鋲留短甲、横矧板鋲留短甲、三角板革綴襟付短甲という短甲が出土しています。これらの短甲のうち1～10号までが第1列から出土しています。1～7号までの甲冑が三角板鋲留短甲と横矧板鋲留短甲、8～10号の3領は特殊な三角板革綴襟付短甲というようにまとめられています。11号短甲は、第1列から離れた位置の第2列に埋納されていました。この11号短甲は、技術的にみて最新式の横矧板鋲留短甲であり、野中古墳から出土した短甲の中で最も新しいものである可能性があります。

　短甲の中でも特徴的なのは、8～10号の三角板革綴襟付短甲です。これは全国的にも類例の少ない短甲で、大阪府の七観古墳、豊中大塚古墳、交野東車塚古墳、百舌鳥大塚山古墳、兵庫県の茶すり山古墳、奈良県の円照寺墓山1号墳、それにこの野中古墳を加えた7古墳のみでしか出土していません。この短甲の最大の特徴は、襟部が取り付けられ、背中から肩の部分が羽のように張った形をしている点です。また、脇の部分に半月板という通常の短甲にはみられないパーツも認められます。数ある古墳時代短甲の中でも、特別に製作された短甲だといえます。

　短甲を詳細に観察すると、用いられている地板の数や大きさ、形状、鋲の数などに微差があることがわかります（詳細は第2部68～71頁参照）。

　例えば、三角板鋲留短甲のうち、7号短甲には両脇部に蝶番が取り付けられています。この短甲のみ、前胴部が両方とも開く構造となっています。一方で6号短甲には蝶番を取り付けるための縦長の板があるのですが、蝶番を付けず、あえて鋲で固定して開かないようにしています。甲冑の製作途中での設計変更があったのかもしれません。

Fig.6　7号三角板鋲留短甲の蝶番金具
（○囲み部分に各1箇所の蝶番金具）

Fig.7　9号襟付短甲にみる革覆輪・革綴技法
（上端矢印部が革覆輪、その下の2箇所の矢印部が革綴）

2　政の要は軍事なり —武器と武具—

Fig. 8　1号三角板鋲留短甲正面

Fig. 9　1号三角板鋲留短甲背面

第1部 　図説「野中古墳と河内の古墳」

Fig.10　2号横矧板鋲留短甲正面

Fig.11　2号横矧板鋲留短甲背面

2 政の要は軍事なり ―武器と武具―

Fig.12　3号横矧板鋲留短甲正面

Fig.13　3号横矧板鋲留短甲背面

Fig.14　4号横矧板鋲留短甲正面

Fig.15　4号横矧板鋲留短甲背面

Fig.16　5号横矧板鋲留短甲正面

Fig.17　5号横矧板鋲留短甲背面

Fig.18　6号甲冑（三角板鋲留短甲、頸甲、肩甲、小札鋲留眉庇付冑）

2　政の要は軍事なり —武器と武具—

Fig.19　7号甲冑（三角板鋲留短甲、頸甲、肩甲、小札鋲留眉庇付冑）

第 1 部 　 図説「野中古墳と河内の古墳」

Fig.20 　 8 号三角板革綴襟付短甲正面

Fig.21 　 8 号三角板革綴襟付短甲背面

2　政の要は軍事なり ―武器と武具―

Fig.22　9号三角板革綴襟付短甲正面

Fig.23　9号三角板革綴襟付短甲背面

Fig.24 9号甲冑（三角板革綴襟付短甲、革製衝角付冑）

2　政の要は軍事なり —武器と武具—

Fig.25　10号三角板革綴襟付短甲正面

Fig.26　10号三角板革綴襟付短甲背面

19

第1部　図説「野中古墳と河内の古墳」

Fig.27　11号横矧板鋲留短甲

頸甲（あかべよろい）　頸甲は頸もとを守るための防具です。短甲を着た上から被るように装着します。左右の板と、その間を埋める前面と後面の2枚の引合板とで構成されています。野中古墳のものは、正面からみると逆台形のような形状を呈しています。装着がしやすいように、左右の板と前面・後面の板は革で綴（と）じ合わせるのが一般的ですが、野中古墳の頸甲には、前面の引合板の一方を鋲で留めるという結合方法がみられます。また、引合板の幅や全体形状などにも微差が認められます。

Fig.28　4号頸甲

肩甲（かたよろい）　肩から腕にかけての部位を守るための防具である肩甲は、長い湾曲した板を重ねるものと、小型の板（小札（こざね））をつなぎ合わせて作るものとの2種類があります。野中古墳から出土した肩甲は前者であり、幅がおよそ3.5cm、長さが36〜37cmほどの細長い鉄板を片側で約11枚、頸甲より外側にかぶせるように縦に革紐を用いて縅（おど）し付けて製作されています。こうした肩甲は、古墳時代において最も多く出土しています。短甲が出土する古墳は390基ほど知られていますが、そのうち肩甲が伴う例は120基程度であり、限定的に使用されていることを指摘できます。肩甲が7領確認できる野中古墳は、重装備の武人が活躍した時期を反映しています。

鉄製草摺（くさずり）　草摺とは短甲に伴うもので、下半身を守る防具です。古墳時代には有機質製の草摺もあったとされますが、残存例が乏しい現状です。鉄製草摺は、環状の鉄板を重ね、縦に縅（おどし）し付けることで作られます。縅には革紐が用いられており、野中古墳の草摺は全部で11枚の鉄板からなります。この草摺は、3号短甲に引っ掛けられたような状態で出土し、他の短甲には鉄製草摺は付属していませんでした。鉄製草摺の出土古墳としては、大阪府百舌鳥大塚山古墳・黒姫山（くろひめやま）古墳、奈良県円照寺墓山（みのやまおうづか）1号墳、京都府美濃山王塚古墳、福岡県老司（ろうじ）古墳などが知られる程度で、古墳時代中期ではきわめて例の少ない遺物です。

2 政の要は軍事なり —武器と武具—

Fig.29　1号頸甲・肩甲正面

Fig.30　2号頸甲・肩甲正面

Fig.31　3号鉄製草摺

冑 野中古墳からは、小札鋲留眉庇付冑と革製衝角付冑という2種類の冑が出土しています。

小札鋲留眉庇付冑は、透かし彫りの入ったつば（眉庇）が取り付き、冑頂部に鉢状の頂部装飾（受鉢・伏鉢）がつく、装飾性の高い冑です。例えば3号冑をみてみると、レンズ形、三角形・長方形の透かし彫りが眉庇に施されています。眉庇のふちをみてみると花弁状に波打った形をしていることがわかります。また、野中古墳の眉庇の文様には2種類あり、長方形の透かし彫りが入っているもの（2・5号）と、入っていないもの（3・4・6号）がみられます。後者は、文様要素からみると、長方形透かしが抜け落ちたものであり、系統差と位置付けられます。

冑の内面をみてみると、5cm×2cmほどの長方形状を呈する小型の鉄板（小札）で帯金の間を埋めて作られていることがわかります。庇部の文様は帯金具などにみられる文様が由来となっており、朝鮮半島由来の金工技術との関係がうかがえる遺物です。

衝角付冑は、冑の前方部分が船の先端のように尖る形が特徴的であり、鉄製のものであれば古墳時代の中期から後期、5～6世紀に通有の形状です。衝角付冑は眉庇付冑に先行してみられる型式です。襟付短甲で最も古いと考えられる交野東車塚古墳の事例にも鉄製衝角付冑が伴います。野中古墳から出土した衝角付冑は一般的な鉄製ではなく革製であり、革製は大阪府七観古墳や西小山古墳などでしか確認されていない非常に珍しい冑です。

野中古墳の衝角付冑は、革製であるために革の部分は腐朽し、発掘時には残存していませんでしたが（Fig.3-5）、金属製の部分は検出されました。錣は眉庇付冑のように何枚かの鉄板を綴し付けるものでなく、1枚のみで作られています。錣の内面と頂部の三尾鉄（後述）の裏面には革が張り付いており、そのことから冑の本体が革製であるといえます。また、冑の下端をめぐる鉄輪が残存しており、その結合部にあたる部分にはV字状になる細い鉄板がありました。衝角部の先端に取り付けられていたものであると考えられます。

この革製の衝角付冑の頂部には、三尾鉄と呼ばれる装飾品が取り付けられていました。この三尾鉄は、3つの枝状に分かれる端部に鳥の羽根などを取り付けたものと推測されます。三尾鉄は、全国で発見されている衝角付冑のすべてに付属しているものではありません。野中古墳の場合は、鉄の地板に金銅板がかぶされており、その表面の縁には波状列点文が施されています。三尾鉄は一般に鉄製ですが、大阪府百舌鳥大塚山古墳例のように鋳銅製のものもあります。しかし、金銅張の三尾鉄は他に類例がありません。金色をした三尾鉄を装着した衝角付冑は、その当時の有力者の中でも特別な人のみが着けることを許された武具であったのでしょう。

（三好裕太郎）

Fig.32　6号小札鋲留眉庇付冑

Fig.33　8号革製衝角付冑

2　政の要は軍事なり ―武器と武具―

Fig.34　野中古墳出土冑（奥の列は右より2号・3号・4号、中央の列は右より5号・6号・7号、手前の列は右より8号・9号・10号）

◆ コラム②

甲冑の種類と部位名称

● **古墳時代甲冑（かっちゅう）の名称**

　古墳時代の防御具は、当時、どのような名称で呼ばれていたのかは明確ではありません。しかし、近代考古学の黎明期においては、考古資料に日本古来の名称を回帰的に当てはめて解釈する風潮が強く、奈良時代の史料への積極的な参照と、有職故実研究からの援用によって、防御具の種別や部位名称の骨子が形成されました。また、これらの史資料からの検討に加え、考古資料としての分類名が足されて、独特の名称体系ができあがっていきます（末永 1934）。奈良時代の実物資料や、朝鮮、中国の考古資料が豊富に知られるようになった現在、古墳時代の防御具においても用語の再整理が必要な段階にさしかかりつつありますが、ここでは、伝統的に用いられている種類や部位の名称について紹介いたします。

● **甲（よろい）と冑（かぶと）**

　「甲」を「かぶと」と読む場合もありますが、本来的には「甲」が胴を護る「よろい」、「冑」が頭部を覆う「かぶと」を意味します。甲と冑の両者を合わせて「甲冑（かっちゅう）」と呼びます。古墳時代の甲冑は、首まわりや肩、腕、下半身などを護る防御具も含めた武装一式として捉えられますが、実際には冑や付属具を伴わずに甲のみが出土することも多くみられます。

● **短甲（たんこう）と挂甲（けいこう）**

　古墳時代の甲には、鉄板を革や鋲でつなぎ合わせた板作りの短甲と、複数の孔を開けた小鉄板「札（さね）」を縦横に連ねた札つくりの挂甲が知られています。前者は古墳時代前期後半から中期まで存続し、後者は古墳時代中期中葉に出現し奈良時代まで引き継がれます。短甲と挂甲という区分は、奈良時代の史料『国家珍宝帳』（聖武天皇の遺愛品を光明皇后が東大寺に献納した品目を記したもの）を参考にして、古墳時代の甲にあてはめたもので、厳密には正しい用法とはいえません。特に短甲という名称は、有職故実研究の大家、関保之助氏（1868-1945）によって19世紀末〜20世紀初頭頃に提唱されたものですが（沼田 1901）、奈良時代の甲はすべて札つくりの甲であることが判明している現在、明らかに間違った用法といえるようになっています（宮崎 1983、近藤 2010）。近年、挂甲については「小札甲（こざねよろい）」と呼ぶことが増えてきていることをふまえると[1]、短甲についても、「板甲」などと呼称すべきといえるでしょう（橋本 2009）。

● **帯金式短甲（おびがねしきたんこう）**

　古墳時代中期の短甲は、背中を覆う押付板（おしつけいた）や腰まわりを巡る裾板（すそいた）、帯状に巡る帯金といった枠組みの中に、地板と呼ばれる部材を充てて形成されています。枠組みの形は同一なので、帯金式短甲とも呼ばれています。地板には、三角板や横矧板（よこはぎいた）などといった形状の異なる鉄板が用いられます。こうした地板形状に、革綴（かわとじ）や鋲留（びょうどめ）といった鉄板同士の連結手法を併記して、三角板革綴短甲、横矧板鋲留短甲などと呼びます。革綴技法は主に古墳時代前期から中期前半に用いられ、鋲留技法は中期中葉になって朝鮮半島からの技術移入によって導入されました。

　短甲の分類名や部位名称は、奈良県円照寺墓山1号墳の出土遺物を整理した末永雅雄氏（1897-1991）によって定められ（末永 1930）、その後、小林行雄氏（1911-1989）による長方板革綴短甲の認識（小林 1965）などを経て、現在に至ります。

● **襟付短甲（えりつきたんこう）**

　背中の鉄板が左右に大きく張り出し襟が付属する短甲を、襟付短甲と呼んでいます。畿内を中心にして出土例が限られますが、野中古墳では3領が出土しています。この種の短甲は奈良県円照寺墓山1号墳の出土遺物中に含まれていましたが、報告当時は破片のため全体形が認識できませんでした。1947〜48年に行われた大阪府黒姫山古墳の発掘調査によって完形の製品が確認され、新たに襟付短甲と名づけられました（末永・森 1953）。

● **頸甲（あかべよろい）・肩甲（かたよろい）**

　首まわりや肩を護る防御具は、頸甲と肩甲と呼ばれます。頸甲は、『日本書紀』欽明天皇14年の条にある「頸鎧」に相当すると捉えられており、その読み「あかべよろい」をあてたものですが（沼田 1901）、野中古墳出土例のように5世紀代の鉄板を用いた防御具と同一であるかは確証がありません。頸甲には短甲と同様に、革綴と鋲留の製品があり、前者から後者に推移します。肩甲は、U字形に曲げた帯状鉄板を連ねたもので、頸甲の本体と革紐によって連結されます。

● 衝角付冑と眉庇付冑

古墳時代中期の冑には正面が軍艦の衝角と呼ばれる舳先に似て尖った形をしたものと、野球帽のように正面に庇を取り付けたものがあります。前者を衝角付冑、後者を眉庇付冑と呼びます。冑については、関保之助氏や高橋健自氏（1871-1929）などによって考古学的な分類名称が用いられ、末永雅雄氏による体系化（末永 1930）によって細部の名称が定められました。

短甲と同じく、地板形状と連結手法から分類がなされ、三角板革綴衝角付冑、小札鋲留眉庇付冑などと呼称されています。革綴式が古相であり、中期中葉に鋲留式に移行するのは短甲と同じです。眉庇付冑には金銅装のものが比較的多く認められ、冠との関連が想起されます。

衝角付冑には、本体が革製とみられる製品が知られます。その認識は、野中古墳の調査（1964年）が契機となっています。野中古墳の革製衝角付冑は、錣と冑本体の枠板を鉄製とし、頂部飾りである三尾鉄（「みつおがね」とも読む）を金銅装とする特異な意匠です。

● 付属具

この他、付属具として下半身を覆う草摺や腕を護る籠手、脛を覆う脛当などが知られていますが、鉄製のものは数が限られます。野中古墳においても、こうした付属具は鉄製草摺が1点出土した程度に留まります。甲冑形埴輪には革製とみられる草摺が表現されたものが数多く認められることから、実際の武装でも革製草摺が伴う事例が多かったとみてよいでしょう。

（鈴木一有）

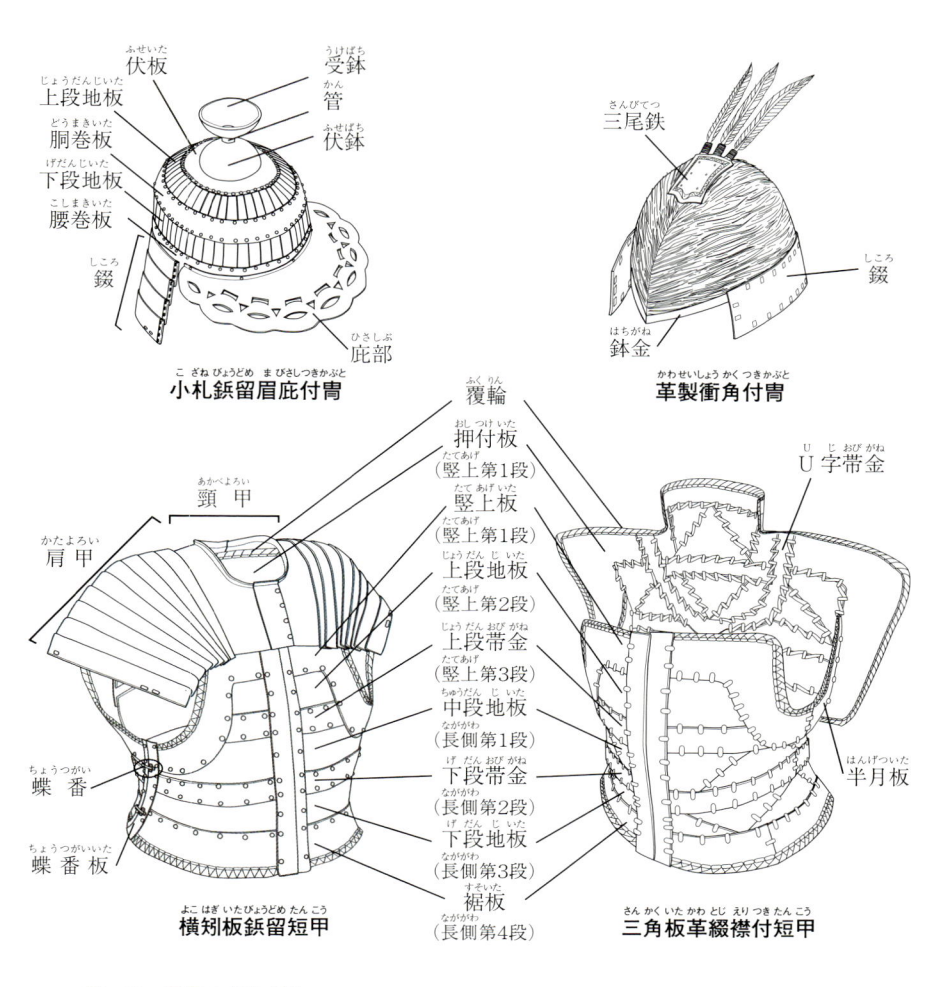

Fig.35 甲冑の部位名称

註

1）小札とは、本来、中世後期に出現した幅1cmほどの小型の札を指しますが、近世以降、大型の部材も小札というようになりました。字義を厳密にするなら、小札甲というよりも「札甲」と表現するほうがよいでしょう。

参考文献

小林行雄 1965「神功・応神紀の時代」『朝鮮学報』第36輯
近藤好和 2010『武具の日本史』平凡社新書
末永雅雄 1930「添上郡帯解町円照寺墓山第1号古墳の調査」『奈良県史跡名勝天然記念物調査報告』第11冊 奈良県
末永雅雄 1934『日本上代の甲冑』岡書院
末永雅雄・森浩一 1953『河内黒姫山古墳の研究』大阪府教育委員会
沼田頼輔 1901「備中小田郡新山村古墳発見の鎧に就いて」『考古界』第1篇第2号
橋本達也 2009「古墳時代甲冑の形式名称」『月刊 考古学ジャーナル』No.581
宮崎隆旨 1983「文献からみた古代甲冑覚え書き─短甲を中心として」『関西大学考古学研究室開設三十周年記念 考古学論叢』

第1部 図説「野中古墳と河内の古墳」

Fig.36　三尾鉄上面（左より順に、8号・9号・10号の各衝角付冑に伴うもの）

Fig.37　三尾鉄裏面（左より順に、8号・9号・10号の各衝角付冑に伴うもの）

（2）鉄刀・鉄剣・鉄鉾

　攻撃用の鉄刀、鉄剣、そして鉄鉾も野中古墳から大量に出土しています。その数は鉄刀153本、鉄剣16本、鉄鉾3本と報告されており、鉄刀を主体とする数多くの武器が埋納されました。個人の武装を大きく上回る武器の埋納は、世界的にも珍しく、これまで数多くの議論を呼んできました。

　片刃の武器である鉄刀は、そのほとんどが80〜90cmであり、一定の規格性を示しています。それに対し、両刃の武器である鉄剣は、残存長平均64.0cmと鉄刀より短いですが、古墳時代の鉄剣の中でも長剣のうちに入ります。時代が下るにつれ、鉄剣が長くなるため、野中古墳出土の鉄剣はその時代の特徴を見事に表しています。

　他方、鉄鉾は北方アジアを中心に用いられた武器です。間合いを活かして相手を攻撃することができるため、特に騎馬戦に適した武器であることがいえます。鉄鉾は、完形なものが1本のみで、切先と袋部が一部欠損しています。全長は20cmで、刃部幅は最も広いところで2.9cm程度です。

　こうした鉄製武器の出土位置は、第1列の鋲留短甲7領の両側に鉄刀が8本、第1列南側から出土した革綴襟付短甲3領に鉄剣が3本配置されました。鉄剣が甲冑の特殊形態である襟付短甲と組み合うことも興味深いと思われます。それら以外は、3本の鉾も含めて第4列の多量の鉄製品集積から出土しています。こうした多量の武器は、鉄資源とその入手が限られていた時代の中で、圧倒的な軍事力の保有を誇示するという象徴的な意味が付されていたと考えられます。

（ライアン・ジョセフ）

（3）鉄鏃

　鉄鏃（鉄製の矢じり）は、古墳に副葬される武器の代表的なものの一つです。本来、鉄鏃は「矢」として古墳に副葬されていたのですが、土中で矢柄が朽ちることによって、鉄製の矢じりのみが発見されます。野中古墳では740本ほどの鉄鏃が出土しています。鉄鏃は10のまとまり（1〜10群）ごとに出土しており、それぞれが副葬された際の矢の束の単位を示していると考えられます。

　野中古墳にみられる鉄鏃は大きく5種類に分けることができます。まず、鏃身部に腸抉と呼ばれる割り込みを持つ腸抉柳葉式鏃（Fig.38-1・2）、細身で刃部がS字状を描く鳥舌鏃（同-3・4）が確認できます。ただし、野中古墳の鳥舌鏃は最終段階のもので、刃部の伸長化が進み、刃のS字が弛緩したものがほとんどです。この腸抉柳葉鏃と鳥舌鏃は3・4世紀以来の系譜をひくものです。また、刃と矢柄の接続部に軸状の短い頸部を持つ短頸鏃（Fig.38-5）は、5世紀になってから朝鮮半島の影響を受けて成立する型式です。上記3種類の鉄鏃は野中古墳の築造以前に代表される旧式の鉄鏃ということができます。

　それに対して、長頸化した独立片逆刺鏃（Fig.38-7）と長頸鏃（同-6）は、野中古墳の築造時期に出現する最新式の鉄鏃です。独立片逆刺鏃は、頸部に鏃身部とは別に逆刺を持つ鉄鏃で、甲冑が副葬される古墳でよくみられる型式です。長頸鏃は小型の刃部に長い頸部を有する鉄鏃で、朝鮮半島からの影響で成立した鉄鏃です。野中古墳の長頸鏃はその中でも古いものの代表例です。

　上記各種の鏃の内訳は、Tab.1の通りです。本数からみると、新式の長頸鏃や独立片逆刺鏃ではなく、鳥舌鏃、腸抉柳葉式鏃、短頸鏃という野中古墳以前の段階に盛行する旧式の鉄鏃が主体であることがわかります。最新式の鉄鏃は740本中に94本と、出土した鉄鏃全体の1割強ほどしか占めていません。鉄鏃からみれば、野中古墳では旧式から新式への武装変化の端境期的な様相があらわれています。

　次に出土位置に注目してみましょう。特徴的な点は最新式の独立片逆刺鏃が第2列の中でも中央に近い地点で、陶質土器に隣接して出土していることです。また、独立片逆刺鏃はこの型式のみで鏃束を構成していました。数多い鉄鏃の中でも、この型式を重要視していたことが垣間みられます。

　また、第3列にみられる5世紀初頭以来の短頸鏃と鳥舌鏃の中に、第2列のそれと比べて形態的に古い特徴を示すものが認められます。副葬に際して新旧の鉄鏃を意識的に分けて副葬を行っていた可能性が考えられます。

　野中古墳の鉄鏃には、各地の出土品と共通する型式がみられます。古市古墳群が発信源となって地方で同じ武器を導入するという経緯が知られており、鉄鏃もそれを示す遺物の一つです。

（三好裕太郎）

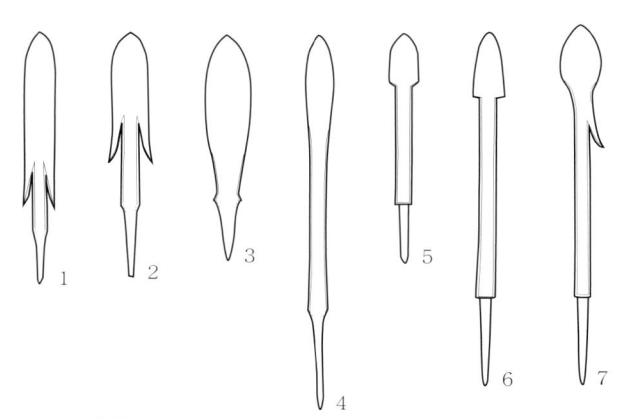

Fig.38　鉄鏃の分類名称

Fig.39 鉄刀・鉄剣（左より鉄刀8本、鉄剣2本）

2 政の要は軍事なり —武器と武具—

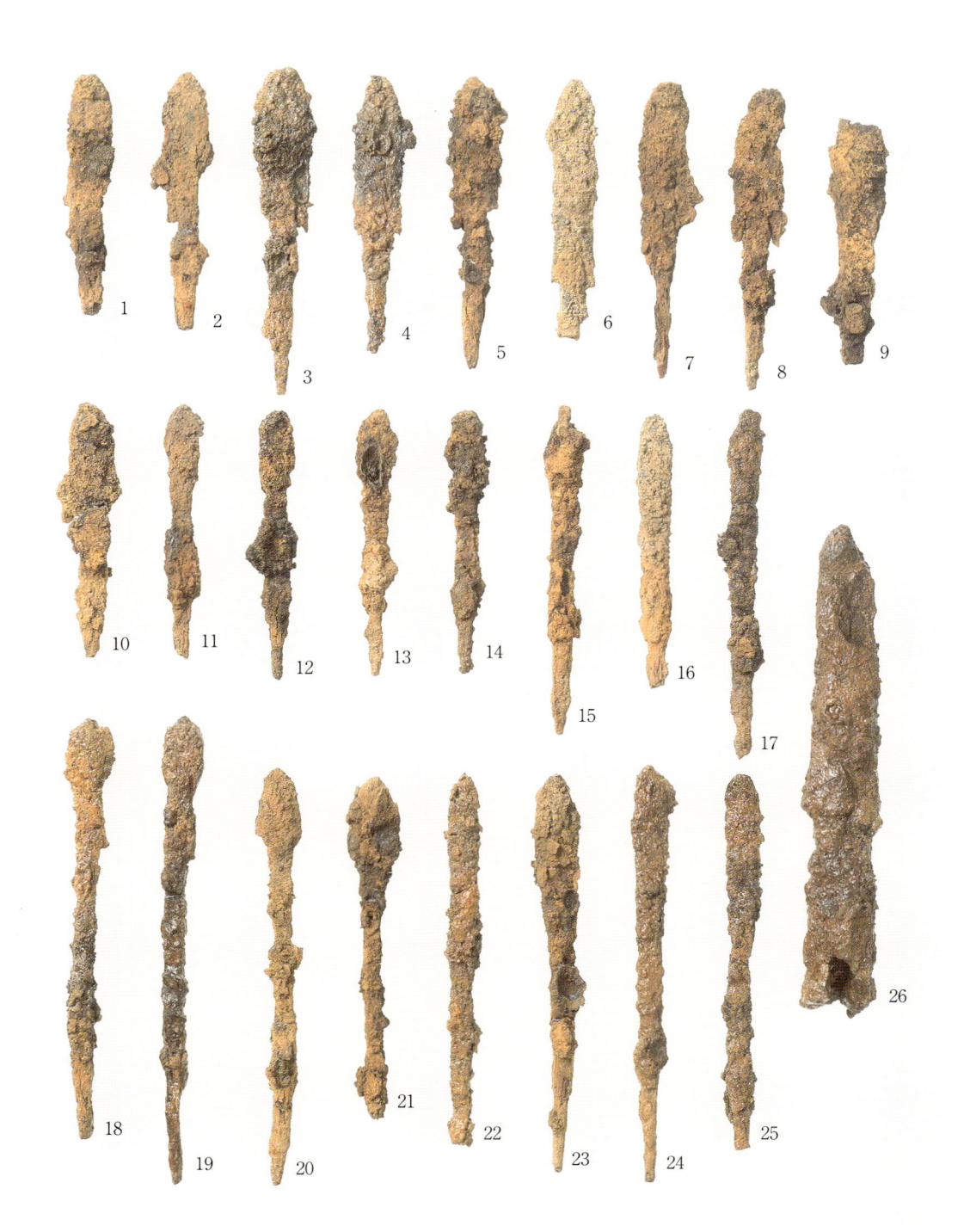

Fig.40 鉄鏃・鉄鉾

Tab.1 野中古墳出土鉄鏃の型式と個体数

型式 \ 所属群	1群	2群	3群	4群	5群	6群	7群	8群	9群	10群	写真番号
腸抉柳葉式鏃	1	26		28		1		28	13		1～8
鳥舌鏃	29					47	48	13	49		9, 15～17, 22～25
短頸鏃	42		44						17	8	10～14
独立片逆刺鏃					45						18, 19
長頸鏃							49				20, 21
型式不明	10	16	3	17				87	109	7	
総個体数（現状）	82	42	47	45	45	48	97	128	188	15	

※本個体数は報告書記載の個体数とは一致しません。

3　技術の革新と古墳祭祀

(1) 新式農工具の出現と大開発の時代

　「倭の五王」が活躍した時期は、先にみたように武器や武具が象徴的な器物であり、軍事的な色彩が色濃くあらわれています。しかし、視点をかえてみると、国土の開発や生活の道具の点でも大きな変革がみられました。それは「農具鉄器化の画期」として表現されるように、鉄製の農具や開墾具といった道具の変化によって確認することができます。

　野中古墳は、朝鮮半島南部より伝来した最新式の農具が全国で使用され始める時期に築造されました。興味深いことに、野中古墳では最新式の農工具とともに、それまで用いられてきた古いタイプの鉄製農工具も多量に出土しています。このことは、野中古墳が新旧農工具の交代期にあたることを示唆しています。

　最新式の農工具としては、朝鮮半島からの影響が強い、U字形を呈した鍬鋤先や、刃の部分が屈曲している鎌が挙げられます。こういった利便性の高い鉄器の普及により、耕地は広く開墾されました。水田域そのものの増加を示す考古資料は十分に得られていませんが、野中古墳の時期をちょうど境として、集落数と住居数が比例数的に増加します。この背後には当然、新規集落に居住した人口を養うだけの収穫物の蓄えを推定することができるでしょう。

　ただし、古墳から出土した農工具には、その大きさや、木製の柄の有無から実際の使用に適さないと考えられるものもあり、農工具副葬の意義をめぐっては、未だ論争があります。しかし、長期にわたって生産用具の管理に影響力を持ち、国外からの情報をいちはやく取り入れることができた人物が、野中古墳と密接にかかわっていたことは否定できないことです。

　ここでは、鉄製農工具といった生産の道具や、鉄器生産に関係する遺物について紹介していきます。

方形刃先とU字形刃先　田畑を耕し、土地を開墾する道具としては、鍬や鋤があります。古墳時代の鉄製農具は、木製の柄や台部に鉄製の刃を取り付けて使用するものが大半を占めています。鍬や鋤に取り付けられた刃先は、野中古墳の時期に、方形の板の両端を折り曲げた方形刃先に加え、U字形で溝を持つ刃先（U字形刃先）が使用されるようになります。後に方形刃先は衰退し、U字形刃先を用いる鋤や鍬が主流となります。2つの刃先は、農具としての性能はもちろん、古墳への副葬のされ方も異なります。野中古墳のように方形刃先を副葬する有力古墳では、多量の農工具を副葬する例がみられます。しかし、U字形刃先が普及した後には、他の鉄器にもいえることですが、古墳に副葬される農工具の量は減少する傾向にあるといえます。

鉄鎌　鉄鎌は、現代と同様に、草や稲穂を刈る機能が考えられます。野中古墳の鎌は、手鎌と呼ばれる稲穂を摘み取るものと、曲刃鎌と呼ばれる湾曲した刃を持つ根刈り、草刈り用のものがあります。曲刃鎌は、他の農具と比べて数量も少なく、残りも良くないですが、やや遅れて登場するU字形の刃先と同様に、5世紀の農具の画期を代表する農具です。

鉄斧　鉄斧は、武器としての用途が想定されるものもありますが、大半は木の伐採や加工の場面での使用が考えられます。袋状の部分と刃部の境にある、張り出しの形状に注目すると、野中古墳のものは他の古墳出土品と比べ形に多様性があります。柄を差し込む袋部の成形にも巧拙の差が認められ、技術の系譜やレベルの異なる複数の製作工房を想定できます。同じ古墳に違う形や作り方の斧が副葬されることはさほど多くはなく、特に近畿においては、このような例はあまり多くないといえます。

刀子・鉇・鑿　鉄製の工具としては、鉇といった弥生時代以来使用されている工具や、刀子と呼ばれる小刀、鑿などが出土しています。

　鉇とは樹木の表皮を剥ぎ、木面を平滑にする用途が推測されている工具です。刀子は、4世紀後半～5世紀にかけて多くの石製模造品が作られます。野中古墳では多くの石製品が出土していますが、鉄製の刀子は少なく、葬送儀礼の内容を考える上で重要な資料です。この他、鑿なども出土しており、農具だけでなく、工具も多くの種類がみられ、当時の副葬農工具の典型的なものをほとんど網羅しています。

　以上のような農工具の変化は、「倭の五王」の時代に、水稲農耕に基盤をおいた生活も大きく変化したことを示しています。この時期には集落の増加に加え、木材を用いた掘立柱建物の数が増大します。灌漑水路の掘削、森林の伐採、そして木材加工が大きく進んだ背景には、新たな鉄器の利便性と普及があったとみることができます。古代の日本列島改造計画とも言える国土開発の波がこの時期に押し寄せたことを、小さな鉄器からうかがい知ることができるのです。

鉄釘と木櫃の復元　野中古墳では、副葬品が入っていたとされる複数の木製の箱（木櫃）が埋められていたものと想定されます。その各副葬品列の四隅から鉄製の釘が出土しています。その鉄釘は、これらの副葬品を入れた木櫃を構成する木材をつなぐ役割を果たしていたといえるでしょう。野中古墳では19点の出土が確認され、そのほとんどに木材が付着しています。野中古墳以前の木棺は、部材を組み合わせて作るものであり、鉄釘の例としては野中古墳が最古級のものとなります。このことより、木工技術にも大きな変化がもたらされたことを知ることができます。

3　技術の革新と古墳祭祀

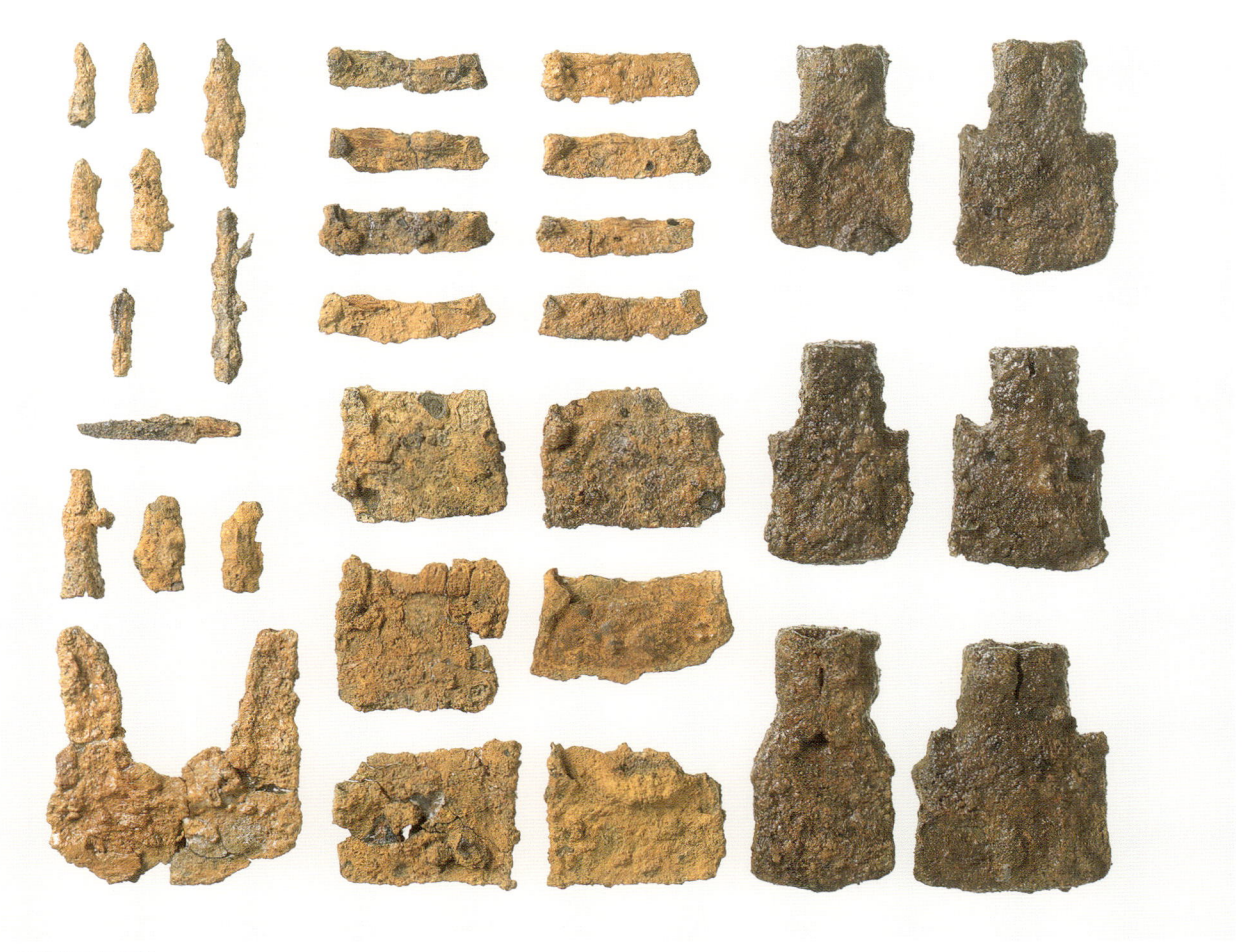

Fig.41　鉄製農工具各種

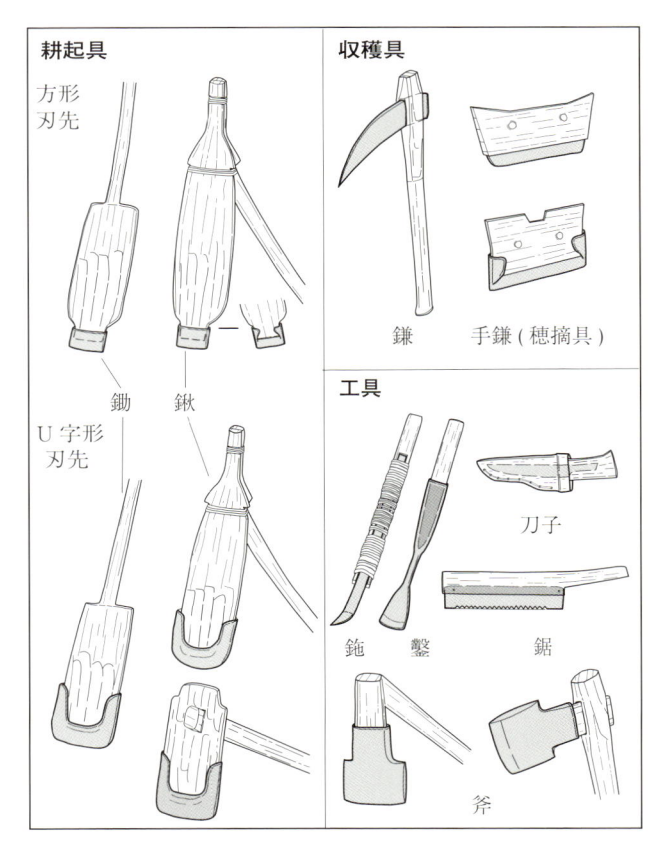

耕起具
方形刃先
　鋤　鍬
U字形刃先

収穫具
鎌　手鎌(穂摘具)

工具
刀子
鉇　鑿　鋸
斧

Fig.42　農工具の種類と名称

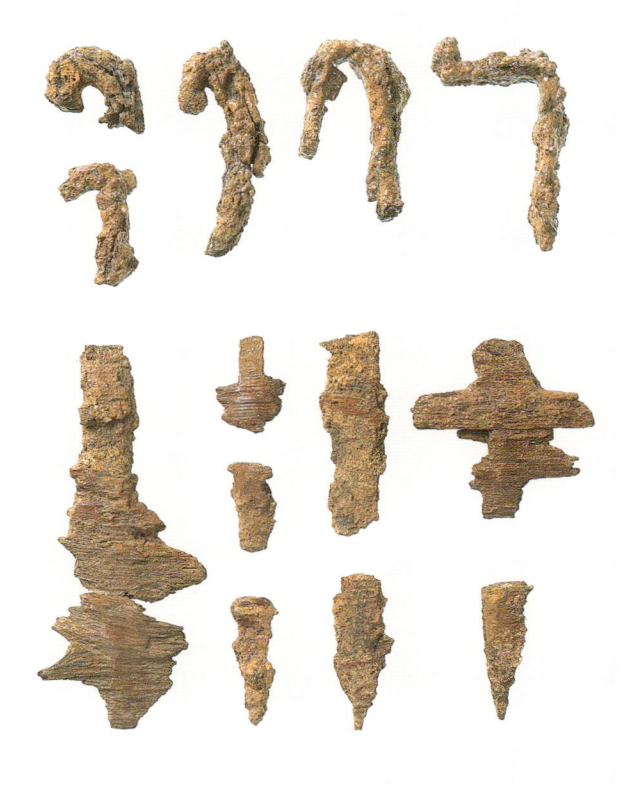

Fig.43　鉄釘

第1部 ｜ 図説「野中古墳と河内の古墳」

Fig.44　鉄鋌

鉄鋌　鉄鋌は、5世紀より多くみられるもので、鉄器の素材としての役割が考えられます。日本列島では、古墳のほかにも、祭祀や鍛冶を行う集落などから出土する例が多く、特に畿内とその周辺地域に分布が集中します。

　野中古墳では、ほとんどのものが本来の位置を保っておらず、なおかつ破片での出土となっていますが、鉄鋌が重なった状態で出土していることからみても、数枚を重ねた状態で埋めていたのでしょう。完存するものをみると、大きいものは1枚あたり120〜130g、小さいものは50〜60gです。出土時の総重量は約36kgを計ります。

　1枚あたりの重量から単純に計算して、数百枚の鉄鋌が納められていたことになります。これは、日本列島の中では奈良県大和6号墳に次ぎ、2番目に多い出土量です。この2古墳以外では50枚を超えるような突出した出土例はみられません。少し視野を広げて朝鮮半島の例をみても、慶州皇南大塚のように1300枚を超える鉄鋌を副葬する例もみられますが、多くは野中古墳よりも少ない数の副葬となります。

　ただし、鉄鋌は、当時の朝鮮半島において、野中古墳のように多量ではなくとも、各所から出土しています。同時期の倭では鉄そのものの生産は行われておらず、鉄器の原料も朝鮮半島産のものを使用していました。野中古墳の鉄鋌も、5世紀の多量の鉄器生産を支える素材として、朝鮮半島から持ち込まれたものと推測されます。野中古墳のものは、長方形状をなす鉄板の短辺のうち、一方が撥状に開き、他方が拳状となる不整形な形を呈します。この種類は、朝鮮半島の中でも加耶諸国でみられるものです。
（竹内裕貴）

(2) 土器からみる東アジア交流

　野中古墳からは、5世紀代の古墳としては珍しく、陶質土器や初期須恵器が多量に出土しました。両者ともに1000℃を超す高い温度で焼成された硬質の土器ですが、陶質土器は朝鮮半島で製作されたものであり、須恵器は国産品を指しています。須恵器の製作技術は、窖窯を用いる焼成技術とともに5世紀を前後する時期に朝鮮半島からもたらされたために、初期の須恵器は舶来の陶質土器と識別が困難なほど類似しています。野中古墳の場合も識別が難しいところですが、陶質土器とともに初期須恵器も大量に含まれているものと推測できます。野中古墳では、土師器も多く出土しています。土師器は、赤褐色の色調を呈する軟質の土器で、窯を用いて焼成された陶質土器・須恵器とは異なり、野焼きされました。

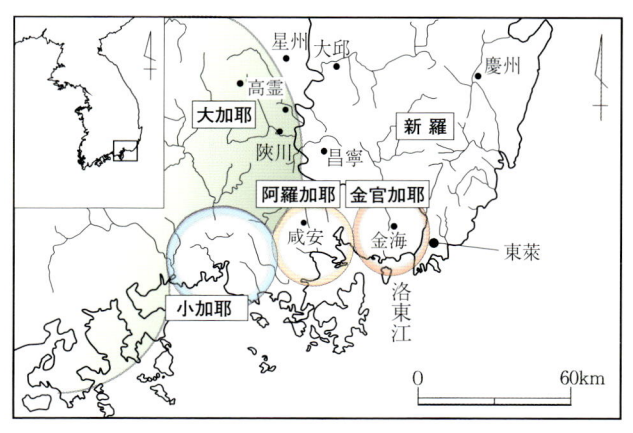

Fig.45　朝鮮半島南東部の諸国

3　技術の革新と古墳祭祀

Fig.46　小型把手付壺・蓋

Fig.47　陶質土器・須恵器（壺・器台・台付壺）

陶質土器・初期須恵器 野中古墳の墳頂部から出土した破片は総数で6700点にも及びます。野中古墳の土器の大多数は、墳頂部の中央からの出土で、破片の形でみつかりました。破片の資料が非常に多いのは、当時の人々が意図的に破砕して供献したからでしょう。

墳頂部から出土した陶質土器・初期須恵器の特徴は、器台や甕の破片が多く、文様の種類が豊富な点です。施文は、大きく波状文、斜格子文、櫛歯列点文、組紐文、鋸歯文、円管文の6種類に分けることができます。（Fig.48）。破片資料のうち、波状文を持つ個体は全体の四分の一を占めます。他の文様は、全体のおよそ1％またはそれ未満です。波状文においては、突帯と組み合う事例がよくみられます。

これらの文様を朝鮮半島の土器と比較すると、朝鮮半島南端に近い洛東江（ナクトンガン）流域各地に由来する土器の文様に似ていることがわかります。こうしたことから、朝鮮半島南東部との交流が存在していたことを示しています。武具や農工具だけではなく、土器からも野中古墳と朝鮮半島との強いつながりをうかがうことができます。

色調は大きく、赤褐色系と、青灰色または黄灰色系に分けることができます。また復元できる個体については精緻な作りのものが多いのですが、一部粗雑な作りのものもあり、多様な工人による製作がうかがわれます。

墳頂以外には、埋納施設の第2列遺物群から、ほぼ完形の陶質土器の一群がみつかっています。いずれも小型品であり、その内訳は小型把手付壺4点、蓋3点です。ただ、この壺類の蓋と身は、文様や大きさなどから判断して本来的なセットではないと考えられます。この小型の土器は、墳頂部などから出土した破片とは明らかに異なる扱いを受けており、埋納行為で特別に納められた土器だと考えられます。その形態の特徴からは、朝鮮半島南東部の出土品に類例があり、その周辺で作られたものが日本にもたらされたと推測されます。

（佐伯郁乃）

土師器 野中古墳では墳頂平坦面から大量の土師器の破片が出土しており、その数はおよそ2000点にのぼります。須恵器と同様に、墳頂での祭祀の後に意図的に破砕されたものと推測されます。

土師器で全体の器形がわかるものとして、𤭯（Fig.50－左奥）と有蓋高杯（Fig.50－𤭯の右側）があります。

𤭯は、口縁部以外は完存しており、胴部中位に1ヶ所の円孔が穿たれています。この円孔に竹などを差して注ぎ口にしたものと推測されています。須恵器では一般的な器形ですが、土師質の𤭯は集落などで確認できるものの、出土数は多いものではありません。そのほとんどが祭祀に使用されたと思われます。野中古墳のような古墳墳丘上での出土例は、特殊であるといえます。

有蓋高杯には、器高7.5cmの小型の高杯の身と、円柱形のつまみを付けた蓋の完形品が各1点認められます。蓋のつまみ部からみても40点が存在していたことは確実です。蓋のつまみの形状も独特であり、無蓋が通例の土師器において一般的なものではありません。高杯の身も口縁部の立ち上がりや蓋受け部を持ち、陶質土器や須恵器の影響が認められます。同型式の土師器高杯は、奈良県布留遺跡・伴堂東遺跡、和歌山県鳴神地区遺跡群などで認められる程度の珍しいものです。

上記の3点を除くと、土師器はいずれも小破片になっています。それらの器種としては、高杯の脚部が57点、有蓋高杯の蓋のつまみ部が40点あり、その他の破片には甕の口縁部が8破片、二重口縁壺が8破片あります。器種不明品が多いため、正確な比率は復元できませんが、高杯の割合の高いことがうかがえます。

これらを陶質土器・初期須恵器と比較すると、土師器は小型の供膳器が主体を占めているのに対して、陶質土器・初期須恵器は壺とそれを載せた器台が中心となっており、須恵器の高杯はわずかしか確認できていません。土師器と陶質土器・初期須恵器は、墳丘上で挙行された儀礼において異なった役割が推定できます。大胆に儀礼の一場面を復元すると、酒や清水は須恵器に湛えられて器台に載せて祀られ、土師器の高杯に盛られた食物や飲料は主要な参列者の前に配されていたのでしょうか。

これらの土師器は、器形や製作技法からみて陶質土器や初期須恵器の工人との交流があったことを示しており、日本列島で須恵器生産が開始された時期における製陶のありかたを考える上で貴重な資料です。東アジア交流が在来の土師器生産にも影響を与えたことをうかがい知ることができます。

（桐井理揮・中久保辰夫）

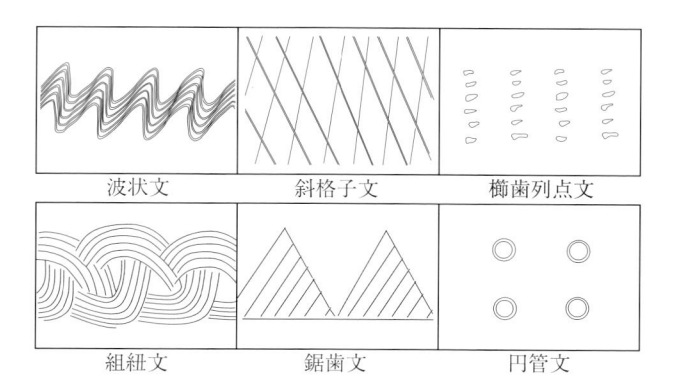

Fig.48 陶質土器・須恵器の文様各種

3 技術の革新と古墳祭祀

Fig.49 陶質土器・須恵器（壺・器台破片）

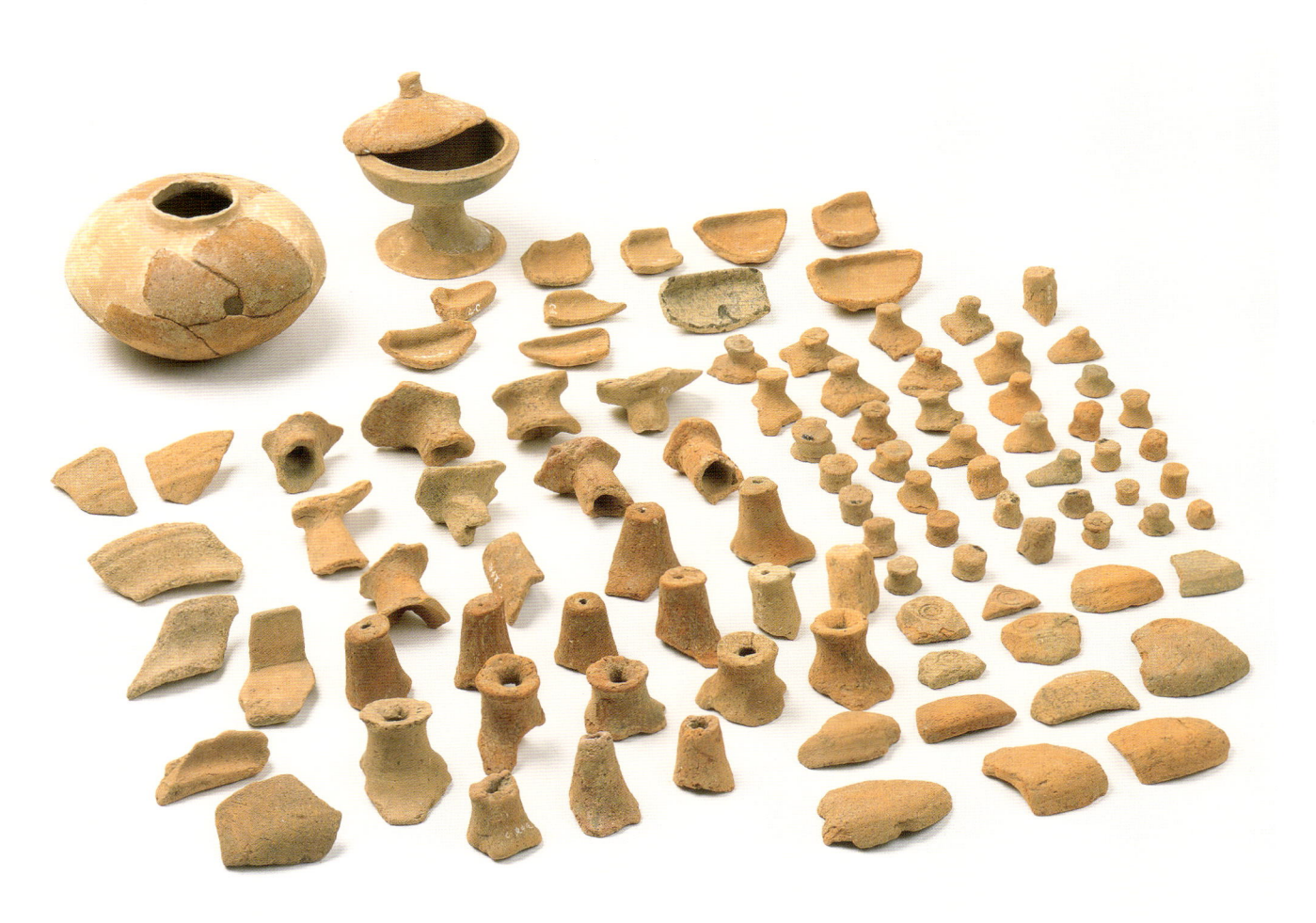

Fig.50 土師器

(3) 古墳の儀礼と埴輪・石製品

　最新技術を用いた甲冑に加え、新式の農工具や須恵器にみられるように、野中古墳にはいくつもの技術の革新性がみてとれます。しかし、その一方で伝統的な側面もまた併存していました。古墳上で挙行された各種の儀礼で用いられた器物を通じて、伝統性とその変化に着目してみましょう。

円筒埴輪　古墳の上には、埴輪と呼ばれる土製品が置かれました。最も出土する数が多いのは、土管のような形をしている円筒埴輪です。野中古墳の円筒埴輪は、墳丘の頂部と斜面に設けられた平坦面に並べられました。円筒埴輪を3本ずつ置き、その間に口の部分（口縁部）が朝顔の花のように開いた、朝顔形埴輪1本をはさみこむ形にしていました。

　古市古墳群の埴輪の特徴として、円筒の径が違うものを並べることが挙げられますが、野中古墳の円筒埴輪もその特徴を踏襲し、3種類の大きさの円筒埴輪が使われていたと考えられます。また細かくみると、大型のものは口縁部に突帯を貼り付け、それより小さなものの口縁にはヘラのようなもので沈線を巡らすものがあります。また口縁部近くに、幾何学的な文様の刻線を持つものも確認されます（Fig.55）。

　円筒埴輪は、単純な形にみえますが、その形や作り方の特徴から、製作時期がわかります。そのため、埋葬施設などが発掘調査されていない古墳であっても、特徴のよく残る埴輪が確認されていれば、時期を解明できる可能性があります。野中古墳が属する古市古墳群や近接する百舌鳥古墳群ではすべての古墳が調査されているわけではありません。そのような古墳に時期解明の手がかりを与え、築造順序などの考察を行う重要な材料となっています。

　円筒埴輪において時期を決める指標の一つが、埴輪の外面にみられる多数の平行した筋状の痕跡です（Fig.54）。これは、埴輪を製作した工人が器表面を整えた道具の跡ですが、考古学ではハケメと呼んでいます。

　野中古墳でみられる円筒埴輪のハケメは、工具を止めた痕跡がほぼ垂直になるものと、傾くものの両方がみられます。前者が5世紀初め頃のより古い古墳に多く、後者は5世紀後半のより新しい時期の古墳では一般的になります。そのため、野中古墳の埴輪を他の古市古墳群内のものと比較すると、垂直のものの割合が多い誉田御廟山古墳より新しく、傾くものの割合が多い市野山古墳より古い時期ではないかと考えられます。同様に百舌鳥古墳群でみてみると、野中古墳の埴輪は、大仙陵古墳に比較的似た様相です。

形象埴輪　埴輪にはさまざまな器物や人物、動物をかたどったものがあり、形象埴輪と呼ばれます。形象埴輪は、家や盾などの器物を表す器財埴輪、人物を表す人物埴輪、動物を表す動物埴輪などに分けられています。

　野中古墳で確認されている形象埴輪には、靫形埴輪（矢を入れる道具を表現）や囲形埴輪（囲いを表現）、蓋形埴輪（貴人の傘を表現）、甲冑形埴輪（武具である甲冑を表現）などがあります。他にも、藤井寺市教育委員会の調査により、盾形埴輪や水鳥形埴輪なども出土しています。

　形象埴輪の中でも、家形埴輪や鶏形埴輪は早い時期から作られているのに対し、人物埴輪は遅い時期に出現すると考えられています。野中古墳は各種の形象埴輪が出そろってくる時期のものと評価できます。これらの形象埴輪を観察することによって、古墳の年代や執り行われた墳丘祭祀などを解明できる可能性があります。

Fig.51　円筒埴輪の出土状況

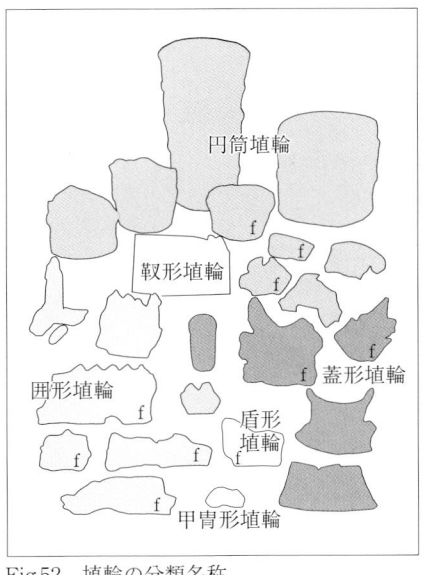

Fig.52　埴輪の分類名称
（Fig.53参照、fは藤井寺市教育委員会所蔵品）

3　技術の革新と古墳祭祀

Fig.53　円筒埴輪・形象埴輪
（一部に藤井寺市教育委員会所蔵品（Fig.52参照）を含む）

第1部　図説「野中古墳と河内の古墳」

蓋形埴輪　蓋形埴輪は、位が高い人にさしかける傘を象った埴輪であり、形象埴輪が成立してから衰退するまで、長期間にわたり製作されました（第2部80～81頁参照）。

　大阪大学所蔵品には全形を復元できる個体はありませんが、受部や笠部は赤彩が残るなど比較的良い遺存状態です。

　蓋形埴輪は、古墳が築かれた時期によって、すこしずつ形が異なります。野中古墳の蓋形埴輪は、笠部の布張り表現が立体的ではなく3本の線刻で表現され、笠部の端部には突帯がつきます。このような笠部は、京都府上人ヶ平古墳群や奈良県平城宮下層などで出土しており、野中古墳が築造された時期に新しく発生した形態だと考えられます。

　また立飾部は、方形の抉りが入るものもあり、表裏に線刻が入るものと、簡略化した無文のものとが存在します。これらの笠部や立ち飾り部の形状・文様などから、野中古墳は近接する墓山古墳よりも後出する時期に築造されたものと推測されます。

囲形埴輪　囲形埴輪は、蓋形埴輪などと比べ、出土数があまり多くない埴輪です。家形埴輪や導水施設を囲む目隠しの役割を担っていたと考えられるものや、より抽象的に聖域を囲んでいたのではないかと推測されるものがあります。

　藤井寺市教育委員会の調査で出土している囲形埴輪は、大阪大学所蔵のものとは異なる線刻を施すことなどから、囲形埴輪に関しても複数の個体が存在したものと推測されます。なお、野中古墳では、上記の囲形埴輪は出土しているものの、家形埴輪は現在までのところ確認されていません。

　大阪大学所蔵の囲形埴輪には、入り口部分と思われる破片に扉の軸を受けるような凹みがみられます（Fig.56）。出土埴輪の中に軸状の個体が確認できることから、この2つが組み合わされていた可能性があります。

甲冑形埴輪　甲冑形埴輪は、古墳時代の武具である冑や甲を表現しているものです。野中古墳では、冑の一部として首筋を守る錣を表現したものが見つかっています。古墳時代に使用された冑には、眉庇付冑、衝角付冑、小札冑などがありますが、野中古墳の冑形埴輪は衝角付冑を表現しているようです。錣部分の表現は、立体的ではなく線刻となっています。現在のところ甲形埴輪は確認されていませんが、本来は甲形埴輪と一体になるものと想定されます。

靫形埴輪　靫とは携行用の矢をさす武具の1種であり、靫形埴輪はそれを表現したものです。野中古墳の靫形埴輪は、鳥舌鏃を有する矢が線刻で描かれています。この鏃は、野中古墳の出土鉄鏃にも確認できますが、野中古墳の時期以降はあまり生産されないものです。初期の靫形埴輪は精巧な大型品で、直弧文と呼ばれる独特の文様を施しましたが、この野中古墳では文様が粗雑化しており、例えば近接する墓山古墳よりも時代が新しいものと判断できます。　　　　（橘　泉）

Fig.54　円筒埴輪のハケメ（↑部は工具を止めた痕跡）

Fig.55　円筒埴輪の線刻

Fig.56　囲形埴輪細部（入口部内面）

石製品・土製品 野中古墳からは多くの石製品および土製品が出土しています。石製品には、石製模造品、紡錘車や管玉・勾玉、石臼・石杵などが含まれ、土製の紡錘車も出土しています。

石製模造品は、鉄製の工具や農具の形を模して滑石などの石材から作られた祭祀具であり、4世紀中葉以降に祭祀の場で用いられたと考えられています。野中古墳の石製模造品は、いずれも墳頂からの出土で、刀子や斧、鎌などの形態があります。

野中古墳の石製模造品の中で最も数が多いのは刀子です。破片も含めて81点が出土しました。石製刀子には、背が丸く全体に肉厚なものや、全体に扁平で把と鞘の境界に段差がみられないものなど、多くの種類があります。その中には本来は鞘部のみに施されるべき革綴表現が把まで及んでいるなど、明らかに写実性が失われているケースも存在します。一方で鞘から抜いた状態の刀子を表現した個体もあり、さまざまな種類のものを意図的に集めたような様相を呈します。

石製模造品の斧や鎌については、比較的モデルに忠実な形をしており、また出土個体数も刀子に比べて少ないことから、形式によって役割が異なっていたと考えられます。

刀子以外も含めた模造品類は、時期が下るにつれて元の形から大きく離れた方向に変化していきます。石製模造品として独自に変化しつつ、同時に絶えずモデルとなった器物からの影響を受け、その結果として多彩なバリエーションが生まれました。野中古墳の石製模造品にも同様の様相がみてとれるといえるでしょう。

2個の管玉は、ともに粗質碧玉製で、埋葬施設の第2列の朱層付近で出土しました。片側が斜めにカットされたような形状を呈します。元々同一個体であったものを、破損時に再加工したものと考えられ、長期間の使用が想定できます。

砂岩製の石臼・杵は、埋葬施設の第3列で出土しました。朱が付着しており、朱を磨り潰すなどの儀礼的な行為に用いられたと考えられます。

また1990年に行われた藤井寺市教育委員会による調査では、墳丘から大量の臼玉や剣形模造品、鏡を模したと考えられている有孔円盤などが出土しました。墳頂部出土石製品と構成が異なることから、同じ野中古墳でも場によって祭祀に差違が存在するものと推測されます。

野中古墳では数多くの鉄製武具が発見されましたが、上に述べたように、儀礼などに用いられた器物も数多く出土しています。軍事的な側面はもちろんですが、その儀礼的な側面もあわせて考察することで、政権の実態を解明する重要な手がかりが得られるといえるでしょう。

（上田直弥）

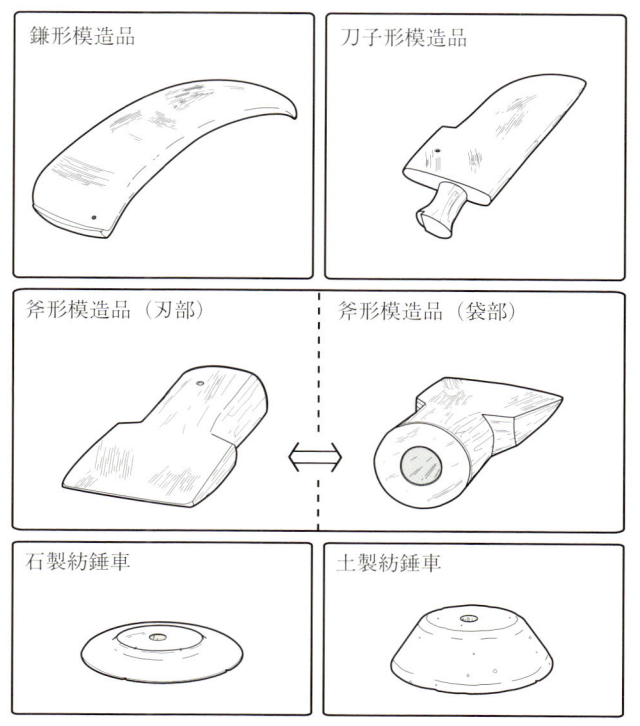

Fig.57 石製品・土製品の種類と名称

Fig.58 石臼・石杵

Fig.59 剣形模造品・勾玉・有孔円盤・臼玉
（藤井寺市教育委員会所蔵品）

第1部 | 図説「野中古墳と河内の古墳」

Fig.60 刀子形石製模造品

4　古市古墳群の形成と内実

(1) 古市古墳群出現前夜

　野中古墳に埋納された器物は、「倭の五王」の時代を知る上で数多くの情報を含んでいました。本章では、さらに視野を広げて、野中古墳を含む古市古墳群やその周辺の古墳についてみていきましょう。

　まずは、古市古墳群の出現前である3・4世紀を取り上げます。その時期にも、南河内地域では、真名井古墳や松岳山古墳をはじめとして、多くの古墳が築造されています。近年の調査においても、古市古墳群の南端ともいえる地域で、三角縁神獣鏡が副葬された庭鳥塚古墳が新たに発見されています。古市古墳群とそれに先行する古墳群を築いた勢力に関しては、その双方の関係がいまなお議論となっています。

　以下では、古市古墳群に先行する古墳の中から、過去に大阪大学が調査にかかわった古墳について紹介しましょう。

　石川西岸、羽曳野丘陵東端に位置する真名井古墳は、4世紀初頭に築造された全長60mの前方後円墳です。墳丘には葺石と埴輪を備え、埋葬施設である粘土槨（木棺を粘土でつつんだ埋葬施設）には三角縁獣文帯三神三獣鏡、画文帯神獣鏡片、碧玉製紡錘車、鉄斧や鉄刀、鉄鏃、鉄製の工具類、土器が副葬されていました。粘土槨を採用した古墳としては最古級であり、研究史的にも重要な古墳です。

　石川東岸に沿って南にのびる玉手山丘陵に営まれた玉手山古墳群では、14基以上の古墳が築かれました。その南部には全長約55mの前方後円墳である、駒ヶ谷北古墳が存在します。主体部である粘土槨より方格規矩鏡や鉄剣、鉄刀が出土しました。そのさらに南方、玉手山丘陵南端に位置し全長約60mを測る駒ヶ谷宮山古墳は、後円部に竪穴式石室1基、前方部に粘土槨2基を有します。同じ古墳の中で埋葬施設を使い分けることで、被葬者同士の格差を表現していると考えられています。副葬品として三角縁獣文帯三神三獣鏡や有孔鏡、装身具などが出土しました。

　全長約140mを誇る松岳山古墳を中心とする松岳山古墳群も、当地域の政治動向を考える上で重要な古墳です。松岳山古墳に近接して築造されたヌク谷北塚古墳は宅地造成に伴って発見されました。工事による削平のため古墳の形、大きさなどは不明ですが、粘土槨の北半がかろうじて残存していました。粘土槨の中からは、三角縁神獣鏡など3面の銅鏡をはじめ、鉄刀や鉄斧、それに勾玉・管玉・石釧などの装身具が発見されました。

　以上に挙げた古墳は、後に勃興する古市古墳群とはその規模において大きな差があり、4世紀後葉における格段の発展が跡付けられます。一方で松岳山古墳群では、前方後円墳である松岳山古墳に近接して小型の円・方墳が多数築かれており、古市古墳群でみられるような主墳・陪冢関係の萌芽がこの時期からみられた可能性もあります。

　また副葬品については、古市古墳群では多量の武器・武具などが主体を占めるのに対して、それ以前の古墳では銅鏡などが多く、副葬品に付与された性格において顕著な差が認められます。こうしたことから、古市古墳群が形成された時代にこの地域が大きな変革を遂げ、その勢力を急伸長させたことがわかります。野中古墳の副葬品は、そうした変化の到達点を如実に表しているといえるでしょう。　　　（上田直弥）

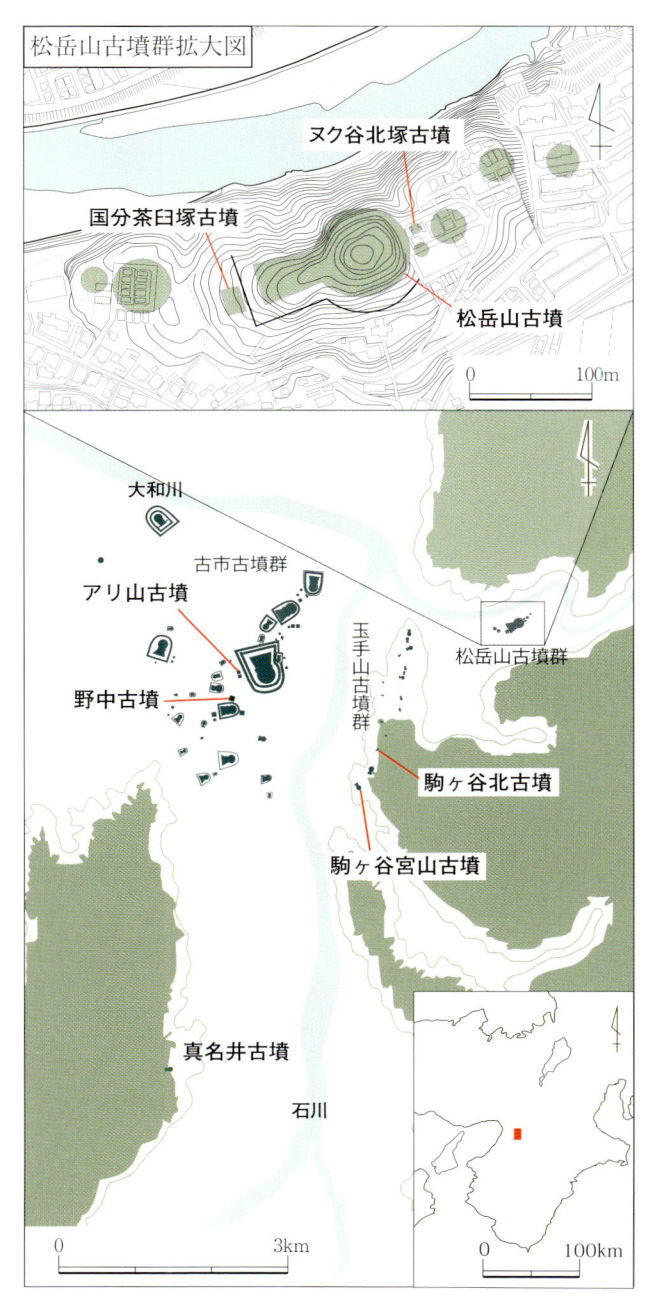

Fig.61　古市古墳群およびその周辺
（上図は、柏原市立歴史資料館2009『松岳山古墳群を探る』をもとに作成）

第1部 　図説「野中古墳と河内の古墳」

Fig.62　真名井古墳出土舶載三角縁獣文帯三神三獣鏡

Fig.63　駒ヶ谷宮山古墳出土倣製三角縁獣文帯三神三獣鏡

Fig.64　ヌク谷北塚古墳出土倣製三角縁甚獨奇銘三神三獣鏡（3号鏡）

Fig.65　ヌク谷北塚古墳出土倣製三角縁甚獨奇銘三神三獣鏡（2号鏡）

第1部 | 図説「野中古墳と河内の古墳」

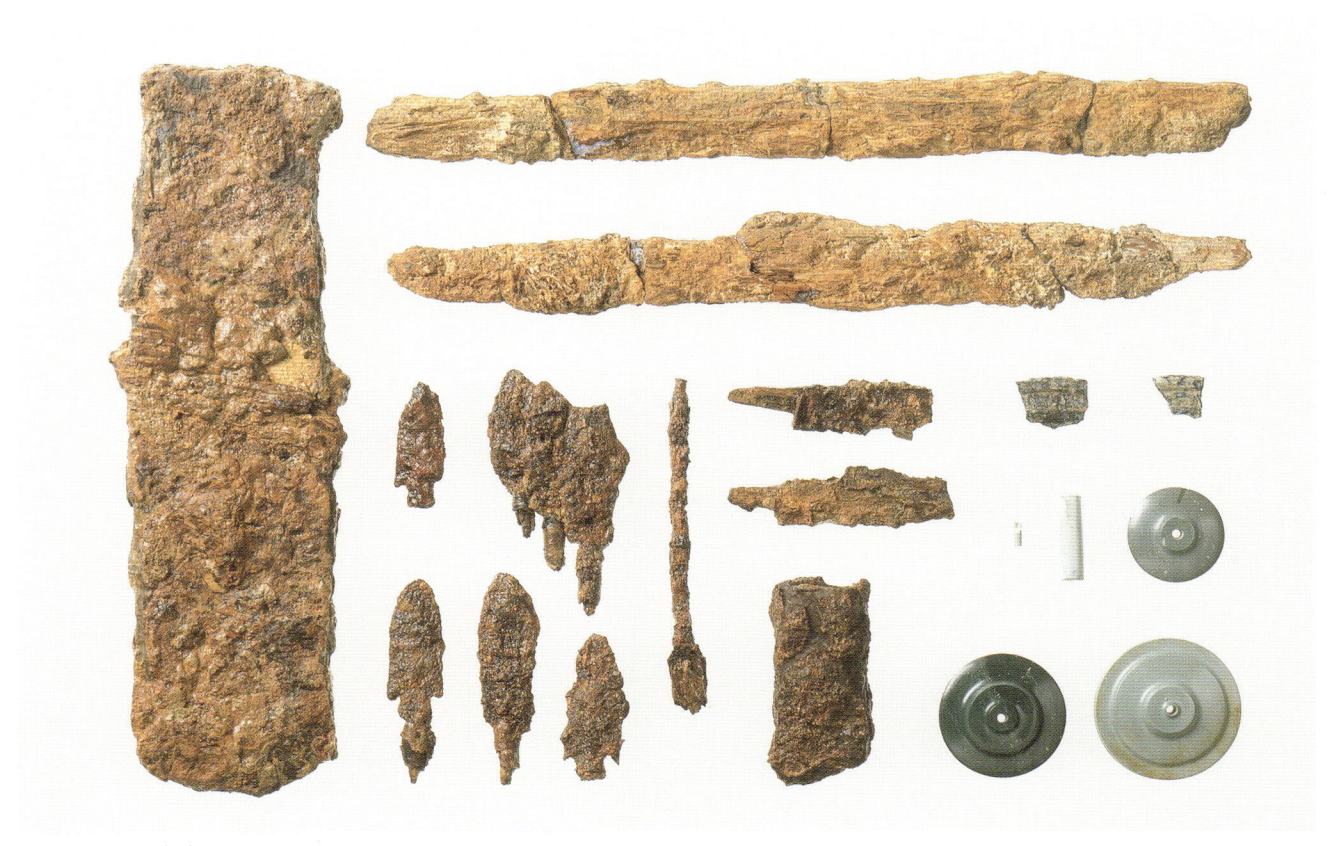

Fig.66　真名井古墳出土品

Fig.67　真名井古墳出土土師器

Fig.68　駒ヶ谷北古墳出土方格規矩鏡

Fig.69　ヌク谷北塚古墳出土石釧

Fig.70　ヌク谷北塚古墳出土玉類

（2）墓山古墳・誉田御廟山古墳とその陪冢

野中古墳と墓山古墳　以下では、5世紀頃の古市古墳群をみていくことにします。当該期の古市古墳群を特徴づけるのは、墓山古墳のような大型墳（主墳）の周りに、野中古墳のような中小型墳（陪冢）が存在する点です。

前掲の墓山古墳は、羽曳野市に所在し、古市古墳群のほぼ中央に位置する三段築成の前方後円墳です。墳丘長は225mを測り、古市古墳群の大型墳の一つです。両側のくびれ部に造出しを持ち、墳丘周囲には濠と堤が存在します。現在は応神天皇陵ほ号陪冢に指定されているため、埋葬施設の詳細は不明ですが、かつて亀甲紋を施した石棺の蓋石が露出していたと報告されています。これは、大阪府津堂城山古墳や奈良県室宮山古墳と類似しており、当該期で最上級の棺であることが予想されます。出土品には、滑石製勾玉や家形埴輪、蓋形埴輪、盾形埴輪、靫形埴輪、短甲形埴輪、人物埴輪があります。このうち、人物埴輪は顔面部の破片が出土しており、通常の人物埴輪頭部よりも大型であることから、初期の盾持人埴輪であると推測されます。

墓山古墳の出土埴輪の中でも特に注目されるのが、革綴襟付短甲を模した埴輪です。襟付短甲形の埴輪は類例が非常に少なく、しかも墓山古墳で出土しているものは精巧な作りをしています。実際の鉄製襟付短甲は全国でおよそ十数例しか知られておらず、そのうち3領が野中古墳で出土している点は先に紹介した通りですが、墓山古墳にもまた襟付短甲が副葬されていたのでしょうか。

墓山古墳の周囲には、野中古墳のほかに、向墓山古墳、浄元寺山古墳、西墓山古墳が築かれています。このうち西墓山古墳からは、野中古墳と同様に、多量の鉄器埋納が確認されています。そして上記の4基は、いずれも方墳であり、墓山古墳の陪冢（コラム③参照）とされています。ただ、墓山古墳と野中古墳とは、墳丘の主軸方向が異なり、築造時期も野中古墳が若干遅れます。したがって、野中古墳を陪冢とする根拠は、他の3古墳よりも弱いことになります。しかし、上記の短甲形埴輪や大量の鉄製品埋納からは、墓山古墳と野中古墳には深いつながりがうかがわれます。

（橘　泉）

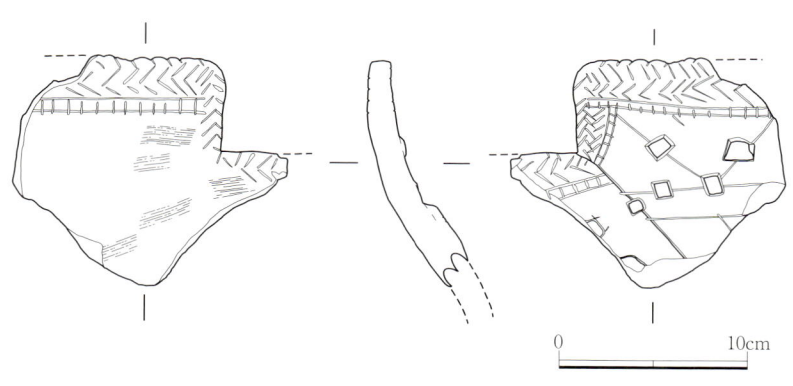

Fig.71　墓山古墳出土襟付短甲形埴輪実測図

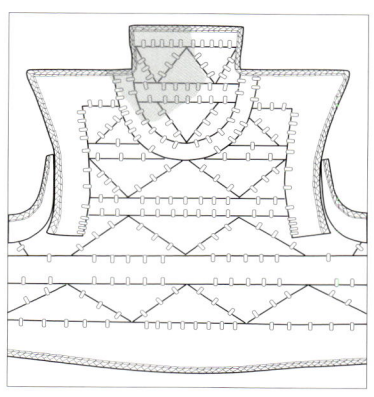

Fig.72　野中古墳出土襟付短甲（10号）背面模式図と埴輪の部位（トーン部）

Fig.73　墓山古墳出土襟付短甲形埴輪内面
（京都大学総合博物館所蔵品）

Fig.74　墓山古墳出土襟付短甲形埴輪外面
（京都大学総合博物館所蔵品）

誉田御廟山古墳とその陪冢　次に、誉田御廟山古墳とその陪冢を取り上げ、陪冢の位置付けを整理したいと思います。

誉田御廟山（伝応神天皇陵）古墳は、古市古墳群に位置する巨大前方後円墳です。墳長は415mを測り、大仙陵（伝仁徳天皇陵）古墳（486m）に次いで全国で2番目に大きい規模を誇りますが、体積においては日本最大とされています。埴輪や墳丘形態から、5世紀前葉頃に築造されたと考えられます。埋葬施設は調査されていませんが、誉田八幡宮に本古墳のものと推測される長持形石棺の石材の一部があります。円筒埴輪や朝顔形埴輪に加えて、盾形・家形・水鳥形・靫形・蓋形などさまざまな形象埴輪および初期須恵器も出土しています。出土埴輪は、トンネル状を呈する窖窯で焼成されたもので、須恵器と同じ技術で焼かれていました。

誉田御廟山古墳の周辺には、数多くの古墳が密集しています。これらは、主墳に付随する陪冢の可能性がありますが、大型古墳をめぐる位置にある中小古墳がすべて陪冢とは即断できません。相対的な築造の年代、主墳からの距離などを考える必要があるからです。これらの点を勘案すると、誉田御廟山古墳に近接する約12基のうち、6基は陪冢から除外されます。埋没あるいは実態が不明な古墳を除くと、陪冢の可能性が高い古墳は、北側の誉田丸山古墳と狼塚古墳、西側の東山古墳とアリ山古墳、そして東側の栗塚古墳と東馬塚古墳の6基となります。このうち誉田丸山古墳だけが、若干新しい時期に造られたと考えられています。

誉田御廟山古墳に近接する古墳の中でも特に注目されているのは、大阪大学が発掘調査を行ったアリ山古墳です。主墳とみられる誉田御廟山古墳のくびれ部西側に位置しています。このアリ山古墳は、1辺45m、高さ4.5mの方墳で、5世紀前葉に造られました。葺石に加えて、円筒埴輪と形象埴輪がみつかっています。墳頂に3つの埋葬（埋納）施設が発見されており、中央施設と南施設のどちらもが盗掘されていますが、大量の鉄製品の埋納が認められました。中央施設に赤色顔料が多く検出され、そこに人体が埋葬された可能性も指摘されています。これらに対して、北施設は、人体埋葬が想定し難いほど、埋納品が豊富に納められ、鉄鏃、刀剣類、農工具など2700点以上の鉄製品が確認されています。この中でも、二段逆刺鏃と三角形鏃の2型式のみで数量1542点にも上る鉄鏃と77本の鉄刀、鉄剣・鉄槍各8本、鉄鉾1本が注目されます。また、201点の鉄鎌、134点の鉄斧、49点の鉄鍬鋤先、151点の蕨手刀子などからなる約650点という多量の農工具も出土しました。さらに用途は不明ですが、412本の鉤状鉄器なども確認されました。

誉田御廟山古墳の陪冢の中で、埋納品が判明しているのは、上記のアリ山古墳の他に、誉田丸山古墳があります。誉田丸山古墳は、前方部北側に位置する径45m、高さ6mの円墳です。概ね誉田御廟山古墳の中軸線上にありますが、外濠に入り込んだ位置にあります。葺石に加えて、円筒埴輪と家形・蓋形・靫形などの形象埴輪も確認されています。周囲に濠がめぐっており、また造出しを持った可能性もあります。出土遺物は、鋲留短甲の破片、鹿角製刀装具、鉄刀、片刃長頸鏃、馬具などです。とりわけ馬具が注目されており、金銅製龍文透彫鞍金具、金銅製歩揺付飾金具、鉄地金銅張鏡板など最上級品がそろっています。

陪冢とその類型　同じ陪冢でも、さまざまな埋納パターンがあります。例えば、アリ山古墳と誉田丸山古墳とは、出土遺物やその集積の度合いなどが非常に異なっています。誉田丸山古墳は豪華な埋納品を持っているため、どちらかといえば上位有力者の個人的奢侈品が埋納されていると考えられます。それに対してアリ山古墳は、鉄製品の多量埋納という意味で野中古墳や西墓山古墳に類似しています。このように、誉田丸山古墳とアリ山古墳・野中古墳・西墓山古墳とでも識別されるように、独立した古墳とほとんど変わらないタイプと鉄器多量埋納が目立つタイプとの2つに大別できるようです。

Fig.75　アリ山古墳北施設（1）

Fig.76　アリ山古墳北施設（2）

また、上に取り上げている古墳の中でも、多量埋納の対象が少し異なることもわかります。もちろん通常の古墳に比べて、埋納される武器や農工具の数量はずば抜けて多いのですが、その中でも重きが置かれている器種に差異があるようです。例えば、アリ山古墳北施設や野中古墳には、それぞれ1542点と740点の鉄鏃が埋納されているのに対して、西墓山古墳では鉄鏃を確認できません。その一方、西墓山古墳の農工具は、1088点以上であり、アリ山古墳北施設も約650点に達します。これに対して、野中古墳の農工具は、盗掘を考慮する必要はあるものの、141点程度であり、その差が歴然としています。こういった武器・武具類を多量に埋納し、主墳に隣接する小型古墳は、類似した位置付けを持ちつつも、役割の微差を有していたことになるでしょう。

さらに、野中古墳と誉田丸山古墳は、上記のように性格が異なる一方で、近似する側面も持っています。ここで詳細を論じることはできませんが、どちらも主墳の築造より時間が少し経過してから築造された陪冢に相当する点です。これは陪冢の性格、即ち主墳の被葬者に対する関係をどう解釈するかにかかわる問題になるでしょう。

誉田丸山古墳や野中古墳の場合、主墳の被葬者が亡くなり、陪冢が築造されるまでに次の首長（大王）の代になるはずです。次代ではなく、前代の首長墳の陪冢として築かれる理由には、もちろん種々の可能性が考えられますが、長命だった人物の埋葬を考えるのが自然でしょう。そして、首長の代を越えて役職が制度として固定化していたならば、陪冢がスライド式に次の首長墳に立地するはずですので、主墳―陪冢の被葬者の関係が人格を重視するものであったとしたら、こういった状況は生まれやすいものと推測されます。

古市古墳群では、主墳と周辺の陪冢やその他の大小の古墳について、全容がまだ判明していません。しかし、既に知られている、ごくわずかの古墳からも、当時の政治構造などを理解する大いなる鍵を秘めています。（ライアン・ジョセフ）

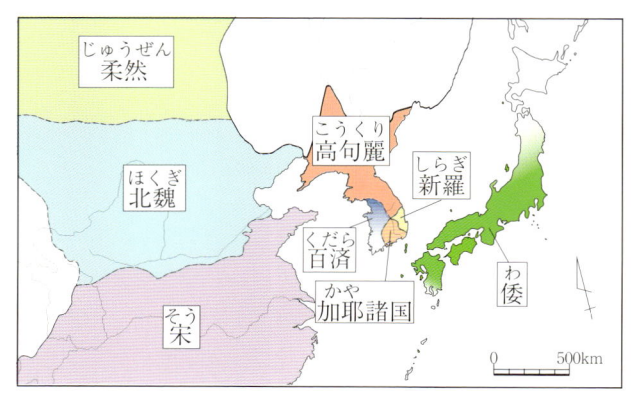

Fig.77　5世紀の東アジア

(3) 東アジア情勢と古市・百舌鳥古墳群

「倭の五王」が活躍し、古市・百舌鳥古墳群が築造された時期、東アジアは激動期にありました。古代帝国として広域を版図におさめた漢が2世紀後半に滅亡して以降、中国大陸は隋唐に至り、再び統一されるまで長い年月がかかりました。魏・呉・蜀が覇権を争う3世紀の三国時代の後、西晋を経て4世紀には、華北において五胡十六国時代と呼ばれる諸王朝の盛衰が著しい時代へと突入し、華南では東晋が成立します。「倭の五王」が中国王朝と折衝を持った5世紀は、混迷期を経てようやく中国王朝が北の北魏・南の宋へとまとまり、南北朝時代と後世に呼ばれる時期にあたります。

中国大陸における政治的混乱と新たな時代への胎動は、周辺世界にも大きな影響を与えました。朝鮮半島では高句麗・新羅・百済、そして加耶諸国が勃興し、勢力を競い合いました。とりわけ高句麗は、中国北部の政情が安定し始めると、南下政策を採ったため、朝鮮半島南部の諸国家は軍事的緊張に包まれました。

こうした東アジア情勢の変動は、日本列島の諸社会にも大きな影響を与えました。巨大前方後円墳が大和盆地に築かれた古墳時代前期（3世紀中葉から4世紀）とは異なり、「倭の五王」の時期である古墳時代中期（5世紀）は河内平野に最大規模の古墳が築造された時代です。こうした背景としては、中央政権内における主導権が、大和から河内の勢力へと移ったと考える説が有力です。その象徴的な存在が大阪湾に面して築造された古市・百舌鳥古墳群です。

古市・百舌鳥古墳群を代表とする古墳時代中期の古墳では、真名井古墳や駒ヶ谷北古墳にみられた呪術的な銅鏡や玉類よりも、野中古墳でみてきたように多量の鉄製武器・武具といった軍事的な色合いが濃い器物に、重きが置かれるようになりました。緊張漂う東アジア情勢の中で、軍事力を掌中におさめた勢力へ主導権がわたるようになったといえるでしょう。

また、古墳時代中期には朝鮮半島から新しい技術が数多く導入され、武器・武具をはじめとして、製陶などさまざまな産業にも変革が生まれました。また、新たな農工具の伝来により生産力は向上し、大規模な土木工事が推し進められました。このように新来の文物や先進的技術を掌握することによって、新たな経済基盤としたことも重要です。変革期といえる東アジア世界の中で、自国内整備を進めていったこともまた、野中古墳を通じてより深く理解することができます。野中古墳は、比較的小規模な古墳ではありますが、広大な時流の変化が凝縮されているといえるでしょう。（中久保辰夫）

◆ コラム③

陪冢という古墳

　野中古墳やアリ山古墳のように、大型前方後円墳の周囲に配置された小規模な古墳は、陪冢、陪塚、従属墳などと呼ばれています。ここでは陪冢にかかわる研究の流れをたどり、その特徴を紹介しましょう。

　陪冢という古墳への注目は、古墳研究の萌芽期にさかのぼります。そして、主墳である大型前方後円墳を大王や豪族に見立て、従者が随伴する姿を陪冢に重ねる見方（高橋1922）が、長い間、有力となっていました。

　しかし、これに飽き足らなかった西川宏氏は、陪塚の出現契機を国家形成論のなかに位置づけて論じました（西川1961）。西川氏は、陪塚を①規模・施設・副葬品などが量的あるいは質的に劣るという"従属性"、②同時代の築造にかかわる"同時代性"、③ある程度計画的に配置されたとみられる"計画性"という３つの特徴を有する古墳を陪塚として再定義しました。そして、陪塚が出現期の古墳には伴わず、古墳時代中期に盛行する現象に注目して、「日本の階級社会の成立期にあたって、首長が専制君主に転化していく過程に出現した、権力機関の構成員としての原初的官僚の墳墓として」みなければならないと論じました（西川前掲；p.23）。このように原初的官僚が墳墓に表示されているという考え方は、中国漢代陽陵（景帝陵）の従葬坑が、生前の官僚組織、軍団を再現しているという焦南峰氏の指摘とも響き合うところがあります（焦南峰2007）。

　西川氏は陪塚に葬られた人物の性格を論じたわけですが、そもそも陪冢には被葬者がいないという学説も、発掘調査が進む中で提示されてきました。百舌鳥古墳群中に所在するカトンボ山古墳を調査した森浩一氏・宮川徙氏は、人体の埋葬が不可能なほど鉄製品が大量に埋納されていることに注意を傾け、人体埋葬が存在しないと結論づけました（森・宮川1953）。このように捉えた場合、陪冢は主墳における祭祀の荘厳化によってあらわれたものとなり、墳墓造営と儀礼に異常なほどの投資をする社会像が描けてきます。したがって陪冢は、どのように評価するのかによって古墳時代の政治社会を左右する大きな問題を孕んでいる古墳であるわけです。

　古市古墳群の中で副葬品の内実が判明している野中古墳は、被葬者の存否、性格をめぐって陪冢論の中核を担ってきました。

　発掘調査を担当した北野耕平氏は、軍事組織を束ね、甲冑を配布した人物を被葬者として考えます（北野1976）。

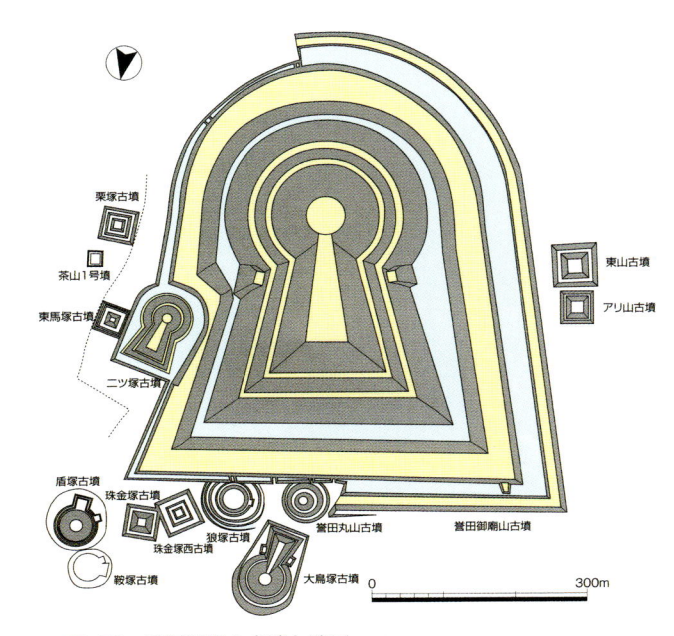

Fig.78　誉田御廟山古墳と陪冢
（大阪府立近つ飛鳥博物館2011『百舌鳥・古市の陵墓古墳 巨大前方後円墳の実像』より引用）

　また、西川説を批判的に継承した藤田和尊氏も、文官と武官の両側面を兼ね備えた原初的官僚の姿を推測します（藤田1993）。さらに、田中晋作氏は甲冑列と刀剣を分析し、常備軍の成立を論じました（田中1993）。

　もちろん被葬者不在説も有力な考え方です。野中古墳と同様に、墓山古墳の陪冢である西墓山古墳は、鉄製武器・農工具・石製品が多量に埋納され、「副葬用陪塚」であると報告されています（山田1998）。そして、野中古墳そのものも「副葬用陪塚」である可能性が指摘されています。

　被葬者が存在するのかどうか、陪冢の歴史的意義とはどういったものかという論点を解決することは、たやすいことではありません。しかし、陪冢という古墳は、古市・百舌鳥古墳群に最も特徴的にあらわれていることは、各論者が共通して認めている点です。古市・百舌鳥古墳群とその時代の特質が、陪冢という小さな古墳に秘められていることは確実といえるでしょう。

（中久保辰夫）

参考文献

北野耕平 1976『河内野中古墳の研究』大阪大学文学部国史研究室
高橋健自 1922『古墳と上代文化』
西川　宏 1961「陪塚論序説」『考古学研究』第8巻第2号
田中晋作 1993「武器の所有形態からみた常備軍成立の可能性について」『古代文化』第45巻第8・10号
藤田和尊 1993「陪冢考」『関西大学考古学研究室開設40周年記念　考古学論叢』
森　浩一・宮川　徙 1953『堺市百舌鳥赤畑町カトンボ山古墳の研究』
山田幸弘 1998『西墓山古墳』藤井寺市教育委員会
焦南峰 2007「漢陽陵従葬坑の基礎的考察」『博古研究』第33号

第2部 論考「野中古墳をめぐる諸問題」

野中古墳における甲冑の出土状況

第2部　論考「野中古墳をめぐる諸問題」

古市古墳群成立の背景を考える

福永 伸哉

　河内平野南部に位置する古市古墳群は、4世紀後葉から5世紀にかけて西方の百舌鳥古墳群とともにわが国屈指の大古墳群を形成した。ただ、やや不思議なのはこれだけの大古墳群を生み出した地域にもかかわらず、古墳時代開始期から半世紀ほどの間は、河内南部に有力前方後円墳が認められないことである。古墳時代という新たな時代に向かう過程でモノや情報が行き交った河内潟周辺の当地域が、その古墳築造の波に乗り遅れたかに見える現象の背後には、古市古墳群成立の経緯を物語る事情が隠されているように思われるのである。

1　「邪馬台国政権」の主流派

　話は古市古墳群成立から200年近く前の女王卑弥呼の時代にさかのぼる。『魏志』倭人伝に記された「卑弥呼共立」の記事は、邪馬台国の主導権を認めた倭人社会が卑弥呼なる女王のもとに政治的に統合されたことを意味している。それは倭国乱の終息した西暦2世紀末ごろのことと推定でき、その後魏王朝に遣使した240年代にかけての約半世紀間が、卑弥呼の活動した時期と見てよかろう。

　筆者が弥生時代終末期ととらえる卑弥呼期には、北部九州の広形銅矛や畿内・東海の突線鈕式銅鐸など、直前の弥生後期まで地域の政治連合のシンボルとして機能していた大型青銅器が一斉に姿を消すことがあきらかになっている。この考古資料の激変は、地域独自のシンボルを廃して倭人社会が大きな政治的統合へ向かったことを示唆しており、まさに倭人伝のいう「卑弥呼共立」と符合する現象といえよう。筆者は、この動きを主導した倭人初の中央性のある政治権力を「邪馬台国政権」と呼称している。

　邪馬台国政権の有力者たちが、銅矛や銅鐸にかわってあらたなシンボルとした器物は、この時期の列島最大規模の墳墓である桜井市ホケノ山墳墓に2面以上副葬されていた中国製画文帯神獣鏡であろう。古墳時代になって副葬されたものも含めて画文帯神獣鏡の分布が大和盆地東南部にもっとも厚いことを考えると、この種の鏡は大和勢力を中核とする邪馬台国政権が大陸から集中的に手に入れて、政権の重要な構成メンバーであった各地の有力者に分配したという解釈が説得力をもっている。

　その画文帯神獣鏡は、和泉地域を含む河内南部では10面が確認されており、大和に次ぐ集中地となっている。邪馬台国政権においてもっとも主流となったのは、大和と河内、言い換えれば畿内南部の大和川水系の連合勢力であったと理解できるのである。

2　大和と河内の「確執」

　景初3（239）年6月、女王卑弥呼は難升米、牛利らを遣わして魏に入貢した。楽浪郡の東南海中にある倭人がはるばる入貢してきたことに喜んだ魏王朝は、卑弥呼を「親魏倭王」に制詔し、金印とともにあまたの贈り物を与えた。『魏志』倭人伝に記されたその品々のなかで注目されるのが「銅鏡百枚」である。その鏡種が何であったかについては論争が続いており、ここで詳しく述べる余裕はないが、筆者は初期の有力古墳から出土する三角縁神獣鏡がこれに相当するのではないかと推定している。

　魏への朝貢団が成功裏に帰還した240年以降には、卑弥呼の地位は倭人社会の内輪の共立王から、東アジアの大国が承認した親魏倭王へと格段の進化を遂げることとなった。三角縁神獣鏡は、神獣鏡というデザインを踏襲しつつさらに魏王朝の権威を加えた器物であり、以後、画文帯神獣鏡以上の政治的な役割を発揮するのである。

　ところが河内南部におけるその分布を見ると、それまで多くの画文帯神獣鏡が分配されていたにもかかわらず三角縁神獣鏡は意外にも少なく、240年にもたらされたと筆者が推定する最古段階（舶載A段階）の三角縁神獣鏡に至っては1面も認められないのである。このことは、冒頭にも記したように当地域で前方後円墳の出現が大和盆地東南部より半世紀ほど遅れることや、地域最初の前方後円墳として3世紀末〜4世紀初頭に登場した富田林市真名井古墳、柏原市玉手山9号墳などが墳丘長60m台の中規模古墳にとどまっている点と関連しているように思われる。

　じつはこれと対照的なあり方を示すのが、大和盆地から北回りで瀬戸内海に到達するルート上にある木津川〜淀川流域である。この地域では、木津川市椿井大塚山古墳、交野市森1号墳、高槻市岡本山古墳など、古墳時代開始期の100mを超える前方後円墳が次々と現れるとともに、三角縁神獣鏡も潤沢に流入する。邪馬台国政権からヤマト政権への転換期において、大和盆地勢力がその重要な連携相手を、南回りの大和川流域勢力から北回りの淀川流域勢力へと切り替えたことを示唆しているのではなかろうか。

　卑弥呼の晩年に大和と河内の間で生じた疎遠な関係は、前方後円墳儀礼の受容においても大きな温度差を生み出すこととなった。倭人伝には、「卑弥呼の死後、男王が立つも国中が服さず、千余人の死者を出す争乱となった」という内容の記述が見られる。このくだりは従来考古学的にはさほど重視されていないが、卑弥呼の後継をめぐって政権内に非和解的な対立が生じたことを示すものであり、同時期の考古資料か

らうかがえる大和と河内の微妙な関係を念頭におけば、いささか示唆的な情報として関心を引くのである。

3　東アジア情勢の流動化と勢力交替

　3世紀半ばにかつてない規模と整った前方後円形の墳丘をもって築造された桜井市箸墓古墳は、古墳時代の成立を画する存在である。この時期に飛躍的な規模の墳墓築造によってその死を処遇しなくてはならなかった人物を、現在われわれが知る歴史情報から推定するなら、250年頃に没した女王卑弥呼が最有力の候補となろう。箸墓古墳の築造は、1人の王の死を乗り越えて倭人社会の政治秩序が維持継承される仕組みをつくった点で、邪馬台国政権からヤマト政権への発展を画する重要な出来事であった。その後、4世紀半ばまで箸墓古墳の周辺で継続した巨大前方後円墳の築造は、倭王の政治権力が大和盆地東南部で継続したことを物語っている。

　しかし、ヤマト政権の成立からまもない時期に東アジアでは中国王朝をめぐる歴史の流動化が始まっていた。290年に西晋武帝が没した後の華北の混乱は、王朝の弱体化を招き、313年には東夷交渉の窓口でもあった楽浪郡が消滅、さらに316年には西晋自体が匈奴の攻撃によって滅亡に至るのである。親魏倭王に始まる中国王朝からの権威の承認を拠り所としてきた大和の勢力にとって、その権威の保証元が消えることは深刻な事態であった。

　倭の政権内での主導権の変動は確実に進んだようで、4世紀半ばを過ぎると初期ヤマト政権の中枢地であった大和盆地東南部では大型前方後円墳の築造が停止してしまう。古市古墳群の出現は、まさにこうした政治的局面でのことであった。一時的に盆地北部の佐紀の地域に大型墳が築かれた後、4世紀後葉には河内南部で最初の巨大前方後円墳である藤井寺市津堂城山古墳が現れ、古市古墳群の本格的な形成が始まるのである。

　古市古墳群の大型前方後円墳は宮内庁の管理下にあるものが多く、副葬品等の情報には限りがあるが、藤井寺市野中古墳に収められた多量の武器・武具、鉄のインゴットである鉄鋌、陶質土器などはあきらかに朝鮮半島南部の加耶勢力との関係をうかがわせる。中国王朝の権威を拠り所とした大和の旧勢力から、加耶の鉄素材の「実利」により台頭する河内の新勢力へと倭の主導権は交替していったのである。こうして倭の盟主的な地位を確立した河内勢力は、5世紀前葉になると百数十年ぶりに中国王朝との通交を復活させ、倭人社会は東アジアの歴史に名を残した「倭の五王」の時代を迎えることになる。

　古市古墳群の成立にあたって、西晋の滅亡という東アジア情勢の大変動が大きな影響を与えたことは疑いないであろう。しかし筆者には、この勢力交替の背後に、かつて卑弥呼晩年の大和との間に生じた主導権争いの振り子を200年ぶりにみずからの側に引き寄せようとする、河内南部勢力のなみなみならぬ意志を垣間見ることが出来るように思えてならないのである。

表1　畿内小地域出土の画文帯神獣鏡と三角縁神獣鏡

地域	古墳名	画文帯神獣鏡 (3C前葉)	三角縁神獣鏡および魏鏡 (3C中葉～末)
六甲南麓	神戸市・西求女塚古墳	画文帯環状乳神獣鏡 画文帯環状乳神獣鏡	舶A・吾作三神五獣鏡 舶A・吾作三神五獣鏡 舶A・吾作四神四獣鏡 舶A・吾作四神四獣鏡 舶B・吾作徐州銘四神四獣鏡 舶B・陳是作五神四獣鏡 舶B・吾作三神四獣鏡
	神戸市・東求女塚古墳	画文帯神獣鏡	舶B・唐草文帯四神四獣鏡 舶B・獣文帯四神四獣鏡 舶C・獣文帯二神三獣一虫鏡 舶C・獣文帯三神三獣鏡
	神戸市・ヘボソ塚古墳	画文帯環状乳神獣鏡	舶C・唐草文帯三神二獣鏡 舶C・唐草文帯二神二獣鏡
	芦屋市・阿保親王塚古墳		舶D・波文帯三神二獣博山炉鏡 舶D・波文帯四神三獣博山炉鏡 舶D・波文帯神獣鏡 舶・三角縁神獣鏡(鏡式不明)
	神戸市・得能山古墳	画文帯同向式神獣鏡	
	神戸市・白水瓢塚古墳	画文帯同向式神獣鏡	
摂津三島	高槻市・安満宮山古墳		舶A・吾作四神四獣鏡 舶B・獣文帯四神四獣鏡 魏・青龍三年方格規矩四神鏡 魏・半円方形帯同向式神獣鏡
	高槻市・闘鶏山古墳		舶B・櫛歯文帯四神四獣鏡？ 舶B・文様帯四神四獣鏡？
	高槻市・弁天山C1号墳		舶D・波文帯三神三獣鏡
	茨木市・紫金山古墳		舶C・獣文帯三神三獣鏡
	茨木市・将軍山古墳(伝)		舶C・唐草文帯二神二獣鏡
北河内	枚方市・万年山古墳		舶A・吾作四神四獣鏡 舶A・唐草文帯四神四獣鏡 舶B・陳是作六神四獣鏡 舶B・波文帯盤龍鏡 舶C・獣文帯三神三獣鏡 舶D・獣文帯三神三獣鏡
	枚方市・藤田山古墳		魏・顔氏作画文帯神獣鏡
中・南河内	東大阪市・石切神社(伝)	画文求心式神獣鏡	舶B・獣文帯四神四獣鏡 舶C・唐草文帯二神二獣鏡 舶C・唐草文帯二神二獣鏡
	東大阪市・池島福万寺遺跡	画文帯神獣鏡(鏡片)	
	柏原市・国分茶臼山古墳		舶B・新作徐州銘四神四獣鏡 舶C・吾作四神二獣鏡
	柏原市・玉手山6号墳	画文帯神獣鏡	
	藤井寺市・珠金塚古墳	画文帯環状乳神獣鏡	
	羽曳野市・庭鳥塚古墳		舶B・吾作四神四獣鏡
	富田林市・真名井古墳	画文帯神獣鏡	舶D・獣文帯三神三獣鏡
	河南町・寛弘寺10号墳	半円方形帯神獣鏡	
和泉	和泉市・和泉黄金塚古墳	画文帯同向式神獣鏡 画文帯環状乳神獣鏡 画文帯環状乳神獣鏡	魏・景初三年画文帯神獣鏡 舶B・波文帯盤龍鏡
	岸和田市・風吹山古墳	画文帯神獣鏡	

野中古墳における甲冑の大量埋納と倭政権の武装

橋本 達也

はじめに

　野中古墳からは11セットにおよぶ甲冑が出土した。その出土状況は1976年に刊行された報告書によりきわめて著名である。そしてその成果を用いた論説も数多く発表されてきた。しかし、野中古墳の甲冑そのものの観察に基づいたその実体の検討、評価は必ずしも尽くされたわけではない。調査後、今回の保存処理までは土の付着したまま表面に樹脂が塗られて固められていたことや、破片のまま復元のなされていなかったものもあって、かなりの資料情報が明らかになっていなかったし、また、報告書の精度が高かったため、その後かえって甲冑そのものに対する十分な追求が意識されなかったという側面もあるように思われる。そのため、野中古墳といえばもっぱら副葬品の大量埋納という現象面に焦点を当てた研究が中心となってきたといえるだろう。

　ここでは、近時の新たな保存処理を経た状況を踏まえて、あらためて野中古墳の甲冑の型式学的位置を再確認し、その11セットという大量埋納が表す意義について考えてみたい。

1　野中古墳の甲冑群

　野中古墳では、第1列遺物群から襟付短甲3領と革製衝角付冑3鉢のセット、短甲7領と眉庇付冑7鉢・頸甲と肩甲7組・草摺1点のセット、第2列遺物群から短甲1領と眉庇付冑1鉢が出土した。これだけ大量の甲冑は一被葬者の所有物とみなすことはできず、それが武装・軍事に関わる器物であること、またこの古墳が古市古墳群内にあり、大王墓の一つと目される墓山古墳に従属する位置関係にあることから、そこには大王を中心とする近畿中央政権の軍事組織や原初的な官僚制の存在といった政治性が反映されているとみる見解が多く論じられてきた（田中2001・藤田2006など）。

　まずは、ここで、これらを論じる際にもっとも基礎的な情報として取り上げられてきた甲冑型式の組合せを再確認しよう。なお、調査後のさまざまな経緯から、1号・11号眉庇付冑は現存していないことは断っておく。

（1）　第1列と第2列の甲冑

　まず第1列と第2列の甲冑を確認しよう。

眉庇付冑　筆者分類のⅣa型およびⅣb型の二種が存在する（図1左・橋本1995）。2号・4号・5号・7号冑の属するⅣa型は眉庇付冑の中でも主系列の一つであるが、3号・6号・11号冑の属するⅣb型は他に福井県向出山1号墳1号冑および福岡県稲童21号墳出土例にしかみられないものである。この2例はともに金銅装の眉庇付冑であることも特徴的である。また、4号冑は伏鉢を伏板から打ち出して一体につくる特殊なタイプで、この類例は滋賀県新開1号墳1号冑、福岡県永浦4号墳にのみ存在する（図1右・橋本2004）。これらの属性は眉庇付冑でも古相のTK73〜216型式段階に属するものであるが、最古段階には位置付け得ないのでTK216型式段階とするのが妥当であろう。

　一方、野中古墳の眉庇付冑はいずれも小札幅に大きな差がなく、左右地板第1・2段ともに21枚ないし23枚で構成するとみられる。新開1号墳の眉庇付冑3鉢が左右19〜22枚、宮崎県下北方5号地下式横穴墓例が24枚構成で近い様相を呈している。また、いずれの冑も小札の内面形状は角を落とし、上段は剣先形、下段は台形状を呈し、後頭部中央には他よりも幅広の小札を用いる特徴を共有している。錣はいずれもが4段構成で、袖錣をもたず最下段の後頭部は弧状に抉って幅狭に仕上げる特徴をもつ。

　Ⅳa型とⅣb型という違いはその製作工人系統を表すものと考えられるので（橋本1995、pp.15-16）、野中古墳の眉庇付冑に2群の工人グループが関わっているとみるが、一方で、全体的な共通性は高く、いずれも同時期に近い関係をもって製作された一括性の高いものとみるのが妥当である。

頸甲　藤田分類のⅢ−b（7号）、Ⅲ−c（3号・5号）、わずかに下縁部が斜めに下がるⅢ−bとⅢ−cの中間的な様相をもつ頸甲（1号・2号・4号・6号）に分類できる。ややバリエーションを含むが、鋲留段階の連続する比較的まとまった時期に属するものであろう。

短甲　三角板鋲留短甲4領・横矧板鋲留短甲4領・三角板革綴襟付短甲3領から構成されている。前二者は定型的とも呼ばれる標準的な鋲留短甲、後者は特殊な革綴襟付短甲で、大きくみればこの2群に分けられる。

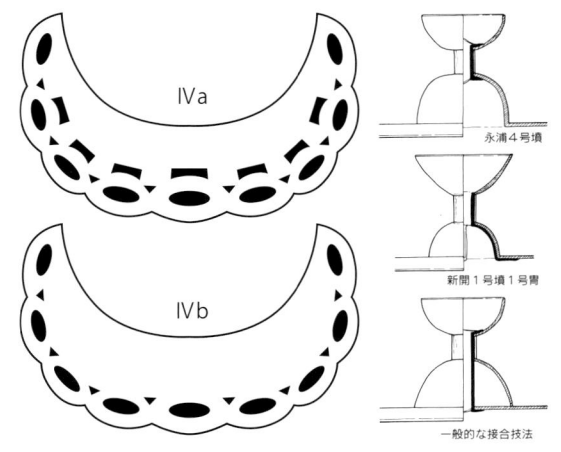

図1　庇部文様からみる眉庇付冑型式と伏鉢接合技法

襟付短甲については後述することとして、まずは、1〜7号・11号短甲の型式の関係をみよう。甲冑製作における出現〜盛行へ至る展開順序としては三角板鋲留短甲から横矧板鋲留短甲へという先後関係は確かにある。しかし、それぞれは共存する時間も長く、個々の資料をみた場合、必ずしも地板型式差のみが先後関係を表わすものではない。両型式とも細部の属性によって細分が可能であり、そこから個別に新古の様相を見出す検討が可能である（吉村1988・滝沢1991）。

ここでは簡潔に時期差を示しやすい細部属性のみを抽出しよう（表1）。それは鋲頭の大きさ、後胴上段帯金の連接数・帯金幅である。まず、鋲頭径は7号短甲が5mm程度の小鋲を用いるが、その他では6.5〜7.0mmに集中する。また、後胴上段帯金の鋲留連接数は4号短甲が13鋲、6号短甲が9鋲で、その他は10〜11鋲である。後胴上段帯金幅は2号短甲が3.3cm、4号短甲が3.4cmと細く、それ以外は3.7〜4.5cmである。一般的な傾向として鋲が小さく、連接数が多く、幅が狭いものが古相要素であるが、小鋲を用いる7号短甲は4.5cmという幅広帯金を用い、また帯金幅が狭く鋲数の多い4号短甲は小鋲ではなく、かつ横矧板であるというように様相は単純でない。

むしろ、属性の組合せから整合的な製作順序を抽出して時期差を見出すことは難しく、一定の変移幅の中に収まっているとみた方がよい。共伴する一括性の高い眉庇付冑・頸甲とともに、一定の時間幅に収まる一括性が高いものとの理解が妥当であろう。鋲留段階では古相であるが横矧板鋲留短甲が出現しており、最古段階でないのでTK216型式段階とみるのが妥当であろう。

野中古墳甲冑群の組合せ　第2列の甲冑は小札鋲留眉庇付冑と横矧板鋲留短甲である。短甲は攪乱によって欠損しているため、その上部には頸甲・肩甲を伴っていた可能性も十分に考えられる。11号眉庇付冑は詳細不明であるが、調査時の写真をみるとⅣb型の庇部文様をもち、幅狭の小札を用いた型式的には第1列の眉庇付冑と差がないものであろう。

また、11号短甲は第1列の3号・4号短甲とともに胴一連式の横矧板鋲留短甲であることを特徴としている。横矧板鋲留短甲はほとんどが右前胴開閉式で、胴一連式の類例は稲童21号墳と大阪府黒姫山古墳11・19号短甲の3領しかない稀少品である。この点にも3号・4号と11号短甲に高い共通性がうかがえ、第1列と第2列の甲冑に明確な差を認めることは

表1　鋲留短甲とその特徴

短甲No.	地板	鋲頭径(mm)	後胴上段帯金連接数	後胴上段帯金幅(cm)	胴分割・蝶番
1	三角板	6.5	11	4.0	胴一連
2	横矧板	6.5-7.0	(9〜10)	3.3	胴一連
3	横矧板	6.5	11	3.7	胴一連
4	横矧板	6.5-7.0	13	3.4	胴一連
5	三角板	6.0-7.0	10	4.05	胴一連
6	三角板	6.0-6.5	9	4.1	変形胴一連
7	三角板	4.5-5.0	10 (11)	4.5	両胴開・長釣壺
11	横矧板	6.0		4.1	胴一連

できない。むしろ、野中古墳の甲冑群は列よりも、革綴襟付短甲と革製冑のセット、鋲留短甲・眉庇付冑・頸甲・肩甲のセットとに大きく区分できる。以下では、仮に前者をAセット、後者をBセットとして検討を進める（図2）。

2　野中古墳出土の特殊甲冑

（1）野中古墳の甲冑セットと襟付短甲

A・Bセットの関係についてみるとき、一見、革製冑・革綴短甲からなるAセットはBセットよりも古相の甲冑からなるように捉えられる。しかし、この冑は金銅装の三尾鉄を伴う鋲留段階の製作になるもので、Bセットの甲冑との間に時期差を見出すことはできない。また、革綴技法による襟付短甲が古相の技術を用いていることは間違いなく、伝世や長期保有という可能性も考慮が必要であるが、3領の襟付短甲に伴う冑がいずれも特殊な革製冑であることからみても、特殊品セットとしての一体性が高い。鋲留段階に一部革綴製品の製作が行われた可能性も考えられ、同じ時間の中で共存したものであることが、型式学的序列での新古の混合を強調するよりも重要ではなかろうか。これらの同時期性を重視すると、A・Bセットという甲冑組成の差にはそれぞれに意図的な区別が存在し、異なる着用者や着用場面の存在を想定することが相応しい（森下1997、pp.51-55）。

ところが、かつて北野耕平は、襟付短甲は着用者の身分に応じた特製品とはみなし得ないと説明したことがある（北野1969、pp10）。この点についてあらためて確認しておきたい。

北野は襟付短甲について次のようなことを指摘している。まず、金銅装の例がないことを根拠として特製品とみなし得ないこと、そして、襟付短甲は畿内の中枢域に集中し、政権

A-set	B-set	
革製衝角付冑＋金銅装三尾鉄	小札鋲留眉庇付冑（Ⅳa型）	小札鋲留眉庇付冑
三角板革綴襟付短甲	三角板鋲留短甲 ／ 横矧板鋲留短甲	横矧板鋲留短甲
	頸甲（Ⅲb〜Ⅲc）・肩甲	
第1列（埋納）	草摺	第2列（副葬）

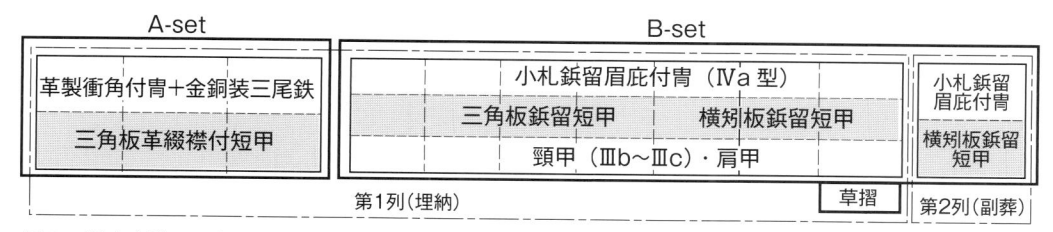

図2　野中古墳の甲冑セット概念図

との強い結びつきを示すこと、襟付短甲出土古墳は甲冑の大量埋納墳であり、河内・大和が甲冑配布に優位性をもつこと、襟付短甲は鋲留出現期を中心とする短い期間に製作されたことなどである。

これに対して、今日、三角板革綴襟付短甲は、奈良県上殿古墳で先駆的な方形板革綴襟付短甲があり、また大阪府東車塚古墳や同府豊中大塚古墳出土例から、古墳時代中期前葉にすでに完成しており、少数例の継続的な製作状況が明らかになっている。また、鈴木一有が指摘したように（鈴木1999、pp.494-495）、襟付短甲のフォルムは木製甲、なかでも加飾刳抜式木甲の姿を写したものであると筆者も考えている。すなわち、襟付短甲は古墳時代前期の木製甲にその系譜が連なり、弥生時代後期に遡源がある古墳時代甲冑の中でも、もっとも伝統性を有するものなのである。

筆者は、このことが襟付短甲に鋲留技法導入期にも金銅装の例がないことや革綴甲冑が鋲留甲冑と共伴するような長期的存続に関わっているものと考えている。その製作には伝統性を重視した技術を有する在来工人が当たったであろうから、鋲留技法導入期以後も渡来系技術の導入は限定的になったであろうし、また在来工人が多少なりとも古相の技術を用いた甲冑製作を継承していた可能性を示唆している。革製冑とも合わせて、式正鎧のように通有の甲冑とは区別される古式ゆかしき伝統性、歴史的正当性を表したものといえよう。

さらに、この短甲が近畿中央部に集中する事実はやはり重要である。兵庫県茶すり山古墳での出土によって、近畿中央部以外での存在も確認されたが、その分布が古市・百舌鳥古墳群周辺を中心とすることは変わらない（図3）。

およそ、現在540例を超える帯金式の短甲は北野耕平が最初に指摘したように、斉一性が高くて地方様式がなく、またその分布の中心が、近畿のなかでも古市・百舌鳥古墳群とその周辺にあることから、近畿中央政権のもとでの一元的な生産と配布が想定される。

このことからすれば、この襟付短甲を生み出した主体と甲冑の生産・配布を掌握・差配した主体は一体であり、古市・百舌鳥古墳群の造営集団からなる近畿中央政権の中枢であったことは疑い得ない。襟付短甲が現状で9古墳15領の出土しかない状況からみると、近畿中央政権中枢の限定されたメンバーシップを表示し、特別な身分や職掌を表すものとみるのが妥当であろう。

（2）特殊甲冑としての鉄製草摺

これまでの研究史上であまり注目されていないが、もう一つ野中古墳で注目できるのは鉄製草摺の存在である。甲冑研究史上では、末永雅雄によって京都府美濃山王塚古墳[1]や奈良県円照寺墓山1号墳の出土例が確認され、甲冑復元模式図などにも採用されたことから、帯金式甲冑の一種として通有のものとして理解されてきた。

しかし、鉄製草摺は野中古墳をはじめ、黒姫山古墳に推定4組ある以外は大阪府百舌鳥大塚山古墳・円照寺墓山1号墳・美濃山王塚古墳・福岡県老司古墳に各1組、福岡県月岡

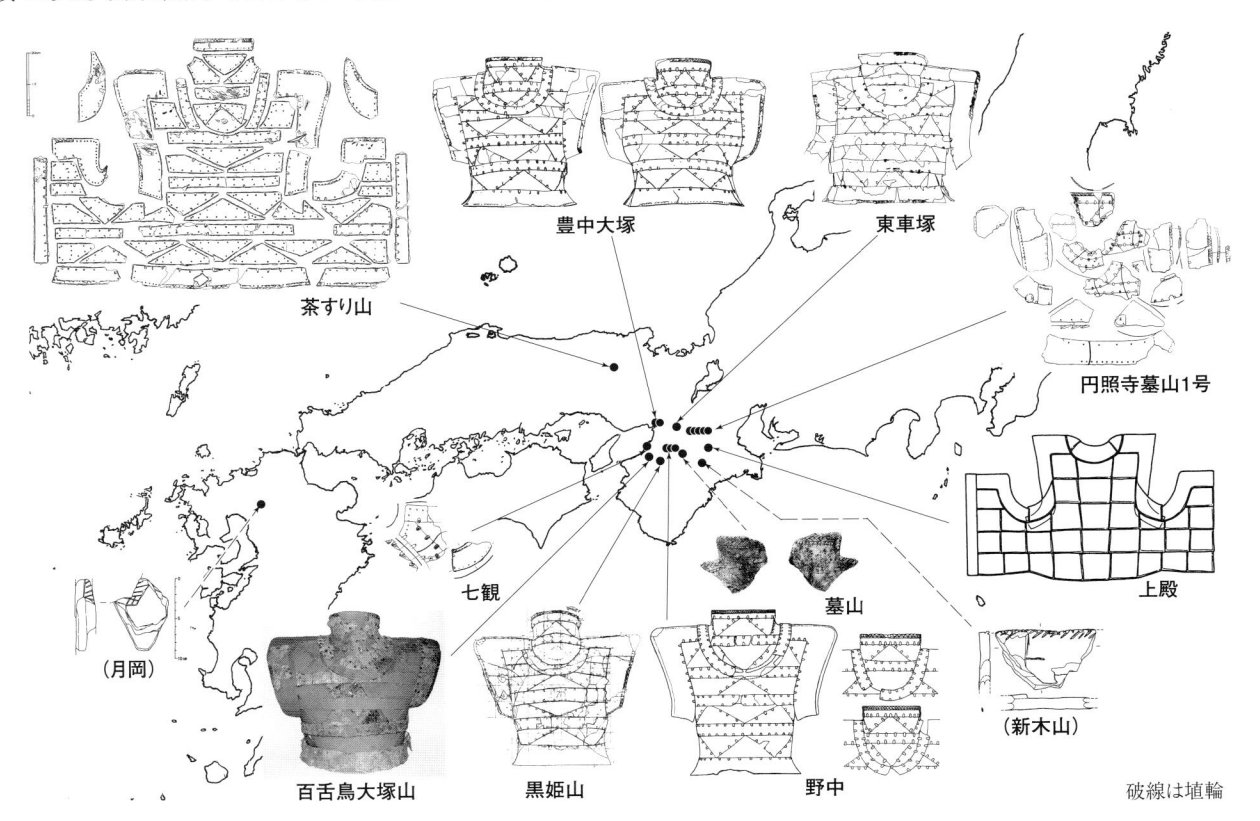

図3　襟付短甲の分布

古墳に可能性のある小片が出土している程度である。決して一般的な甲冑付属具ではないし、出土古墳をみても近畿中央政権中枢とそれに強い関係をもつ有力首長墳に限定されている。その着用は近畿中央政権内において区別される地位や職掌を表している可能性が高い。

3　野中古墳の甲冑大量埋納

(1)　同型の大量埋納

野中古墳のBセットは、定型的とも評される標準型式の甲冑群から構成されており、同形品を多量に保有していることに特徴がある。短甲をはじめとする斉一性の高い標準型の帯金式甲冑は大王墓から汎列島的に地域首長墓までで出土していることも重要である。このことは古市・百舌鳥古墳群被葬者集団を中心とする近畿中央政権のもとで製作された甲冑の授受を介して、政権中枢と各首長層の政治的関係の確認・承認が行われたこと、甲冑の保有に大王を中心とする政治集団の構成員としての共通意識、アイデンティティの表示が読み取れるだろう。そして、それが甲冑をシンボルとしていることからみて中期の近畿中央政権の武力・軍事を軸とした紐帯に重きを置く性格を表しているとみられる。

形態に大差のないこの甲冑は、同形の共有がその本質であることによって、数量の多少が政権の軍事にかかわる社会的地位の優劣あるいは上下に結びつくことになる。野中古墳が同時期併行でみると最多の甲冑出土数を誇ることは、それらが個人使用を超えた近畿中央政権にかかわる軍事組織を反映するものと読み取ることは妥当であろう。

また、地域首長層の甲冑では付属具をもたない短甲のみの出土も多いが、野中古墳では短甲に冑・頸甲・肩甲といった付属が完備すること、3号短甲上に草摺が掛けられた状態で出土していることも、その優越的な甲冑入手を表している。これらの状況から、野中古墳には政権中枢にあって甲冑生産・配布を管掌した主体者の存在が反映されているものとみなされる。

これに類する状況は野中古墳以前では、百舌鳥古墳群の七観古墳、以後では古市・百舌鳥両古墳群の間にある黒姫山古墳でみることができ、一貫して古市・百舌鳥古墳群周辺の被葬者集団が、甲冑の生産・配布を掌握し、軍事・政治統合に利用したことを表している。

(2)　大量埋納甲冑の中の特殊甲冑

甲冑大量出土古墳の甲冑組成についてみてみよう。表2をみると、甲冑大量出土古墳では襟付短甲のほか、形態・材質・技法に差異をもつ変形板甲冑・金銅装甲冑・各種付属武具など稀少で特徴的な甲冑を含む頻度が高い。なかでも、襟付短甲は甲冑大量出土古墳に集中する傾向があり、いずれの場合も同形品群と特殊品が一体となって成り立っているのである。

これらを偶然の結果として組み合わされたものとみることはできない。同形品の共有は政治的紐帯の表示、特殊品の保有は政権内での着用者の質的差異、すなわち、階層差・職掌、あるいは恩賞などを表示している可能性が考えられる。

この点においても野中古墳では近畿中央政権中枢のもっとも上位層の甲冑群から成り立っているとみなされる。それは大王およびそれにもっとも近い人物の甲冑であろう。

4　野中古墳の甲冑と倭政権の武装

野中古墳の甲冑群とその構成について、大きく2群に分け

表2　大量甲冑出土古墳の組成

古墳名	帯金甲	小札甲	冑	頸/肩	特殊甲冑
黒姫山前方部	24		24	11/12	襟付短甲1・三尾鉄5・鉄草摺4以上
円照寺墓山1号粘土槨	10+	1	7	3/3	襟付短甲5以上・変形板眉庇付冑1・初期小札甲1 縦長板冑・襟甲・筒籠手・篠臑当
野中	11		11	7/8	襟付短甲3・革製冑3＋金銅装三尾鉄3
月岡	8		8	8?	金銅装眉庇付冑3・鉄草摺？・筒籠手・篠臑当・小札肩甲
七観第2槨	6+ (8?)		8	4/2+	変形板短甲1＋帯金具・革製冑1＋鉄製有文三尾鉄1・変形板短甲1? 襟付短甲1・革製冑1
久津川車塚	5	1	5	3/4+	初期小札甲1・篠籠手
百舌鳥大塚山 1～3号施設	6		3	2/2	襟付短甲1・鉄草摺・青銅製有文三尾鉄1
雲部車塚	5		4	1/?	異形衝角付冑2・不明武具2
五條猫塚	2	3	3	1/?	金銅装眉庇付冑3（含・変形板1）・金銅装頸甲1 初期小札甲3＋帯金具・篠臑当・不明小札付属具
北天平塚第2主体	5		2	1/?	金銅装眉庇付冑1
新開1号	4		5	2/2	変形板短甲1・三尾鉄1・筒籠手・篠臑当・脇当
珠金塚南槨	4		3	3/3	三角板鋲留衝角付冑1・三尾鉄1
塚堂2号石室	3	1	1	1/1	襟甲1・小札草摺1・篠籠手
唐櫃山	2		4	2/2	

古墳名の太字は古市・百舌鳥古墳群および周辺　　特殊甲冑欄の甲冑は左側の甲冑数に重複する

られ、これらの差は量と質を象徴する2系統の甲冑を選択・統合した結果であり、同じ時間、空間の中にあってこそ、その威容、存在意義が発揮されたものとみなされる。それは他を超越する甲冑保有の優越性を表示している。

しかし、そもそもこれらの甲冑はなぜこの古墳に埋納されたのであろうか。

ただ、一人の人物が着用できる甲冑はあくまでも一領である。北野耕平が想定したように第2列に人体埋葬を推定した場合、被葬者の着用する甲冑は11号甲冑であろう。他の第1列の10セット甲冑はいかなる存在なのだろうか。

これに関して、田中晋作は一般の古墳とは異なる貸与を目的とした武装具であり、甲冑と刀剣がセットからなる武装具に対応する特定の集団、常備軍の存在を反映するものとみる(田中2001、pp.358-382)。藤田和尊は特定個人のものではなく、「公の兵器庫」の管理者たる職掌にあった野中古墳被葬者の葬送の際に、王権の威容を誇示するなどのために取り出され、埋納されたものという見解を提示している(藤田2006、pp.336-338)。

いずれにしても、これらの甲冑は一首長の所有物とみることはできないものであり、政権の公的な武装にかかわるものとみることが妥当であろう。そして、野中古墳被葬者が第2列にありながらBセットを構成する甲冑を副葬するのは、第1列を中心とする政権中枢の武装具管理を所掌した武官的性格を強く有する人物が相応しい。また、一見して特徴的な形態をもつAセットの革製冑と襟付短甲は、大王周辺の限られた最上位層メンバーだけに許された特殊品であり、それを3組も合わせて埋納するのは、第1列の甲冑がとくに大王の権力を象徴する近臣の武装具として意識されたものであることは認められるだろう。

ここには、武装具の生産、配布、使用を差配することで、各地首長層との軍事を軸とする政治的紐帯を結び、序列化を進めるという古市・百舌鳥古墳群被葬者集団の展開した政治的特質が先鋭的に表示されているものとみて間違いない。

視点を東アジア的に拡げた場合でも、11領もの甲冑の墳墓への副葬・埋納はきわめて特異な現象である。始皇帝陵の石鎧坑での数百を超えるであろう数の甲冑埋納を除けば、厚葬の前漢王侯墓でも徐州楚王陵の4領が目立つ程度である。朝鮮半島では、新羅金冠塚古墳で伏鉢が5点出土したとされるから、あるいは5領程度の甲冑副葬があったかも知れない。しかし他では釜山市福泉洞86号墳、同市蓮山洞8号墳で甲3領の副葬が認められる他は加耶地域で2領の副葬が散見される程度である。そもそも、5世紀代の中国では東北地方の鮮卑墓などを除いて墳墓への甲冑副葬は行わないし、高句麗・新羅では甲冑副葬はあっても、かなり限定的で数が少ない。加耶のみは甲冑副葬が広くみられるが、1〜2領を基本とし、倭の古墳のような量・質で序列をつけるようなあり方はしない。

古墳での甲冑副葬、とくに大量埋納は東アジア社会でも特異な現象であり、倭的なアイデンティティ、政権の意志が反映されているものと考えられる。むしろ、戦闘が頻繁に行われた高句麗や百済で甲冑副葬が目立たないことからすれば、倭の甲冑が実際の戦闘や軍事組織の編成、成熟と連動しているとは必ずしもいえない。甲冑副葬が加耶と倭で顕著であるのは、むしろ他の諸国よりも武装具の管理、戦闘や軍事組織かかわる制度が未分化な社会ではないかと思わせる。

くわえて、列島では甲冑副葬の量と質がその保有者の優劣を表すとしても、その配布・保有において甲冑数、形式・型式に画一的な基準の整備を見出すこともできない。古墳時代中期の軍事組織は制度的な体系がいまだ十分整備されておらず、首長個人の人格的な力量、時期ごとの政治状況、場面によって変動する緩やかな関係によって成り立っていた可能性が高いだろう。そして、最終的には古墳埋納という惜しげのないある意味投棄的な儀礼が王権の威光を見せつける機能を果たしていることに、この社会において軍事力は現実の戦闘力よりも、むしろ虚飾的な見栄えによる権力表示や祭儀的な威力に重きがおかれたという特質をみることができる。

まさに、野中古墳は古市古墳群にあって、巨大古墳の時代の政治権力の特質を象徴する古墳であり、日本列島の国家形成過程の一段階を象徴する記念碑的存在だということができるだろう。

註
(1) 旧来、八幡大塚古墳出土とされてきた資料であるが、最近、八幡市教育委員会によって現在の美濃山王塚古墳であろうと推測されている。

参考文献

北野耕平1969「五世紀における甲冑出土古墳の諸問題」『考古学雑誌』第54巻第4号　日本考古學會　pp.1-20

鈴木一有1999「鳥装の武人」『国家形成期の考古学』大阪大学考古学研究室　pp.487-502

滝沢　誠1991「鋲留短甲の編年」『考古学雑誌』第76巻第3号　日本考古學會　pp.272-317

田中晋作2001『百舌鳥・古市古墳群の研究』学生社

橋本達也1995「古墳時代中期における金工技術の変革とその意義―眉庇付冑を中心として―」『考古学雑誌』第80巻第4号　日本考古学會　pp.1-33

橋本達也2004「永浦4号墳出土副葬品の意義―甲冑・鉄鏃を中心として―」『永浦遺跡―第1次・2次調査―』古賀市教育委員会　pp.153-168

藤田和尊2006『古墳時代の王権と軍事』学生社

森下章司1997「馬具と武具」『王者の武装―5世紀の金工技術―』京都大学総合博物館　pp.48-55

吉村和昭1988「短甲系譜試論」『橿原考古学研究所紀要　考古学論攷』13　奈良県立橿原考古学研究所　pp.23-39

野中古墳の築造時期と陪冢論

鈴木 一有

はじめに

　野中古墳出土遺物の再検討をふまえ、副葬品の詳細な編年的位置づけが可能になった。また、墳丘上に並べられていた埴輪についても、大阪大学による1964年の調査時の出土品（北野1976）の他に、藤井寺市教育委員会による発掘調査の知見（藤井寺市教委1991・1997）を加え、その様相が明確になっている。

　小論では、野中古墳に副葬された甲冑や鉄鏃の型式学的検討を行った上で、その他の副葬品や、滑石製品、須恵器、埴輪の様相を整理し、古墳の築造時期を総合的に検討したい。その上で、野中古墳に隣接する墓山古墳（全長225m）との時期的な関係に触れ、主墳と従属墳の関係について、若干の問題提起を行いたい。

1　野中古墳の築造時期

　一辺37m、二段築成の方墳である野中古墳には、墳頂部に並行する5列の施設が並んでいる。このうち、第二列には朱の散布と玉類が検出されていることから、人体埋葬が想定されている（北野1976）。各施設の層位関係は不明確ながら、明確な時期差は認めがたい。以下、筆者が示す古墳様式編年（図1、鈴木2014）を参照し、品目ごとに編年的位置づけを検討しておこう。

甲冑類の特徴　野中古墳からは、第一列の10組と第二列の1組を合わせ合計11組の甲冑が出土している。その内訳は、三角板革綴襟付短甲3、三角板鋲留短甲4、横矧板鋲留短甲4、革製衝角付冑3、小札鋲留眉庇付冑8である。

襟付短甲　3領出土した襟付短甲については、中段と下段の地板枚数がそれぞれ9枚であり、筆者分類（鈴木2008）の鈍角Ⅱa類（［9,9］A）の地板配置がみられる（図2、本書71頁）。また、9号短甲は、後胴最上段の帯金が省略され、最上段の地板配置も変則的になるなど、新出の要素を認めうる（図2）。鋲留短甲の安定的な生産段階に移行しているとみられる野中古墳に革綴襟付短甲が含まれることについては、襟付短甲に伝世期間を認めるか、革綴襟付短甲の製作が新しい段階まで存続したと捉えるか二通りの解釈が成り立つ。いずれも、襟付短甲という特殊性をふまえると判断をつけがたいが、野中古墳よりさらに新しい時期の築造とみられる奈良県円照寺墓山1号墳に革綴襟付短甲が複数例認められること、大阪府黒姫山古墳出土の鋲留襟付短甲がさらに後続する段階の製作と判断できることなどから考えると、鋲留技法導入後にも革綴襟付短甲の製作が継続されていた可能性は充分ありうるだろう。

革製衝角付冑　襟付短甲に伴う革製衝角付冑は、鉄製の一枚錣に鉄製枠板が伴うもので、3点ともに金銅装の三尾鉄を備える。この冑に伴う一枚錣は、連続する短線状の切込みをめぐらしたもので、大阪府西小山古墳や静岡県五ヶ山B2号墳に類例がある。両者はいずれも中3期（中期中葉古段階、鋲留技法導入期）の築造とみられることから、同段階に近い製作時期が想定できる。

鋲留短甲　4領が出土した三角板鋲留短甲については、胴一連の事例が3領（1、5号短甲および、別造りの右前胴を鋲留した6号短甲）、両胴開閉の事例が1領（7号短甲）認められる（表1、本書70頁）。地板配置は6号短甲が鈍角Ⅰa類（［11,11］B）、1・5・7号短甲が鈍角Ⅱa類（［9,9］A）

西暦	時期区分		須恵器	鉄鏃盛矢具	甲冑				馬具	装身具		農具		近畿地方主要古墳
					冑	革綴短甲	鋲留短甲	小札甲		耳飾	帯金具	鎌	鍬鋤先	
375	中1期	中期初頭		Ⅰ	鳥舌鏃	短頸鏃	革綴冑	革綴短甲					直刃鎌	方形鍬鋤先	和泉黄金塚　石山
400	中2期	中期前葉	TG232	Ⅱa											百舌鳥大塚山（1〜3）豊中大塚
	中3期	中期中葉古段階	(ON231) TK73	Ⅱb				新式革綴短甲	鋲留短甲	変形板	古相馬具	三葉文	龍文（波状列点文）		鞍塚、御獅子塚（2）七観、新開1号
450	中4期	中期中葉新段階	TK216 (ON46)	Ⅲ				鋲留冑		多鋲式	小札甲		垂飾付耳飾	葉文	曲刃鎌	御獅子塚（1）珠金塚（北）、野中
	中5期	中期後葉	TK208		長頸鏃	胡籙					新相馬具	少鋲式		（綾杉文）		U字形鍬鋤先	黒姫山（前方部）長持山
500	中6期	中期末葉	TK23 TK47	Ⅳ												高井田山　大谷

図1　古墳時代中期の段階区分

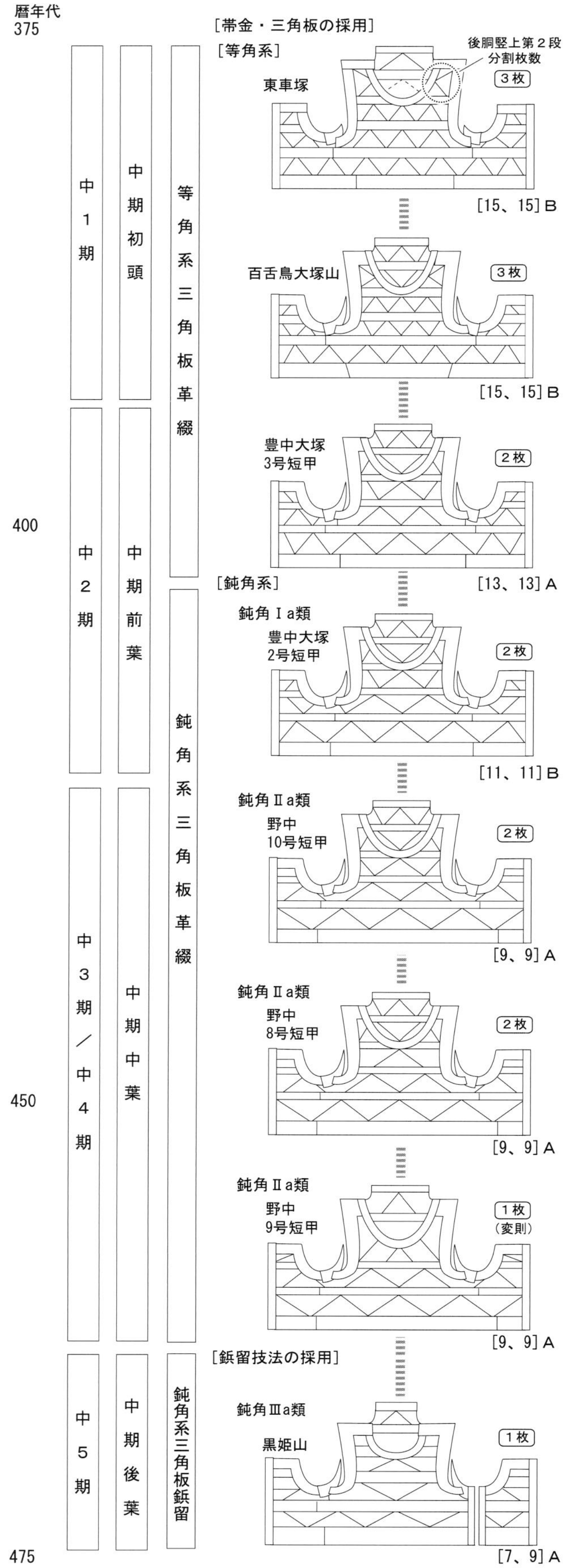

図2に関する図示部分（暦年代375～475、中期初頭～中期後葉、等角系三角板革綴・鈍角系三角板革綴・鈍角系三角板鋲留の系譜）：

暦年代	期区分	系統	資料
375	中1期／中期初頭	等角系三角板革綴	東車塚［15、15］B（3枚）［帯金・三角板の採用］［等角系］後胴竪上第2段分割枚数
			百舌鳥大塚山［15、15］B（3枚）
400	中2期／中期前葉		豊中大塚3号短甲［13、13］A（2枚）［鈍角系］
		鈍角系三角板革綴	鈍角Ⅰa類 豊中大塚2号短甲［11、11］B（2枚）
	中3期／中4期／中期中葉		鈍角Ⅱa類 野中10号短甲［9、9］A（2枚）
450			鈍角Ⅱa類 野中8号短甲［9、9］A（2枚）
			鈍角Ⅱa類 野中9号短甲［9、9］A（1枚・変則）
475	中5期／中期後葉	鈍角系三角板鋲留	鈍角Ⅲa類 黒姫山［7、9］A（1枚）［鋲留技法の採用］

図2　襟付短甲の系譜と変遷

である。前者が古相の特徴を留めるものの、両者には明確な製作時期の差は認めにくい。

同じく4領が確認できる横矧板鋲留短甲については、各段に2～3枚の地板を用いている（表1、本書69・70頁）。また、3・4号短甲については後胴裾板が中央で二分割される造作が共通する[1]。横矧板鋲留短甲は右前胴の開閉装置を備えたものが圧倒的多数を占める中で、野中古墳例は4領とも類例が極めて少ない胴一連構造である。細部の特徴に違いはあるものの、これら4領の短甲は比較的近い製作環境のもとで作られたことを伝えているだろう。

野中古墳から出土した8領の鋲留短甲には、引合板との連結手法に差異が認められるものの、胴一連の傾向が強いこと、鋲頭径は4.5～7.0mmであること[2]、後胴上段帯金の上段における連接数は9～13であること、革組覆輪が施されることなど、編年的位置づけをうかがう上での諸属性の共通性は高い。滝沢誠は、野中古墳の1～6号短甲を、鋲留短甲の最古の一群であるⅠa式、もしくはそれに順ずるものとして位置づけている（滝沢1991）。

頸　甲　野中古墳から出土した8領の鋲留短甲にはすべて頸甲・肩甲が付属する。頸甲はいずれも左右の本体板と前後の引合板からなる4枚構成で、引合板の一辺が鋲留されている。正面観は、肩が僅かに下がり、端部が窄まる形態である。頸甲下端は水平に近いが、若干の不揃いが認められる。襟の突出は顕著でなく、革綴頸甲のそれに近似する。これらの頸甲は、藤田和尊による分類（藤田2006）のⅢb式もしくはⅢc式に位置づけられ[3]、それぞれ組み合う鋲留短甲の製作時期に重なるものと捉えてよい。

眉庇付冑　野中古墳から出土した眉庇付冑8点はすべて小札鋲留式であり、細かな違いはあるものの、前後左右・高さなどの比率をはじめ、受鉢や伏鉢の特徴、花弁状に縁取られた眉庇の形状、4枚構成の板錣を伴うことなど、互いによく似た特徴がみられる。地板に用いられた小札数は、上段が42～46枚、下段が41～48枚の範囲におさまり、上下段において小札数が一致しない点も共通する。また、後頭部には幅広の地板が用いられている。いずれの個体も、角を切りおとした特徴的な小札を用いている点は、製作工房の同一性をもうかがわせていよう。

これら眉庇付冑の編年的位置づけを検討するにあたっては、後頭部に用いた幅広の地板形状と、4枚構成で最下段に抉りがある錣の特徴の2点に注目したい。筆者は、小札鋲留眉庇付冑と同時期に製作された小札鋲留衝角付冑を検討し、後頭部に幅広の地板を用いる特徴と、最下段に抉りをもつ板錣（筆者分類C類、鈴木2012）は互いに共伴関係にあり、小札鋲留式の中では比較的新しい段階に出現する様相として認識できることを明らかにした[4]。眉庇付冑も衝角付冑も、属性

表1　野中古墳出土短甲の属性

番号	形式	構造	地板配置	連接数	鋲頭径	連接位置	覆輪	前胴高	後胴高	前胴(左)							後胴								備考
										竪上板	上段地板	上段帯金	中段地板	中段帯金	下段地板	裾板	押付板	上段地板	上段帯金	中段地板	下段帯金	下段地板	裾板	
1号	三角板鋲留	胴一連	[9,9]A	11	6.0〜6.5	C	革組	32.1	38.5	6.1	3.7	3.6	5.1	3.5	5.1	4.8	12.0	5.7	4.0	6.6	4.2	6.3	(6.1)	
2号	横矧板鋲留	胴一連	[3,3]	(9〜10)	6.5〜7.0	B	革組	31.5	41.6	5.2	4.1	3.5	5.1	3.6	4.4	5.9	11.8	5.5	3.3	6.2	3.4	5.6	6.9	
3号	横矧板鋲留	胴一連	(3,3)	11	6.5	B	革組	(32.1)	40.2	5.9	3.3	3.4	4.9	4.0	4.5	6.0	—	—	3.7	6.5	4.0	4.4	6.5	地板[2,2]の可能性
4号	横矧板鋲留	胴一連	[3,3]	13	6.5〜7.0	B	革組	31.6	39.3	6.1	4.6	3.2	4.5	3.4	4.7	(6.8)	10.7	6.3	3.4	6.7	3.5	5.1	(5.7)	
5号	三角板鋲留	胴一連	[9,9]A	(10)	6.0〜6.5	(B)	革組	30.9	36.7	6.6	—	—	3.7	4.2	6.2		—	—	4.0	5.1	3.7	5.4	6.1	
6号	三角板鋲留	胴一連	[11,11]B	9	6.0〜6.5	B	革組	30.0	35.1	5.7	4.2	3.5	4.2	3.5	4.9	(6.0)		—	6.7	4.1	3.8	4.8	6.7	別造り右前胴を鋲留
7号	三角板鋲留	両胴開閉	[9,9]A	(10〜11)	4.5〜5.0	D	革組	(31.7)	37.4	6.5	3.9	4.2	4.6	4.0	2.9	6.1	10.0	6.5	4.5	6.2	4.1	6.6	(7.5)	長釣壺蝶番金具
11号	横矧板鋲留	胴一連	(3,3)	(10〜11)	6.0	B	革組									6.3	9.6		4.1		3.9	5.7	—	

番号	形式	構造	地板配置	覆輪	前胴高	後胴高	前胴(左)							後胴								
							竪上板	上段地板	上段帯金	中段地板	中段帯金	下段地板	裾板	押付板	竪上第2段	竪上第3段	竪上第4段	竪上第5段	中段地板	下段帯金	下段地板	裾板
8号	三角板革綴襟付	胴一連	[9,9]A	革組	34.0	47.3	6.6	6.1	3.3	5.0	3.8	3.9	5.3	7.6	8.8	3.2	5.1	3.4	4.0	3.7	4.3	(6.8)
9号	三角板革綴襟付	胴一連	[9,9]A	革組	34.3	50.2	5.6	6.4	3.8	4.4	4.0	4.4	5.0	8.2	12.9		3.2	6.4	6.3	6.3	6.6	
10号	三角板革綴襟付	胴一連	[9,9]A	革組	32.7	48.8	6.6	4.7	4.0	4.6	3.6	4.7	5.7	7.5	9.4	3.2	5.9	3.3	4.0	3.3	5.3	6.8

( ) 内の数値は、不明確であることを示す。連接位置の分類については [滝沢1991] に依拠する。

の変化は共通すると捉えられるので、上述の理由から、野中古墳の眉庇付冑についても、属性が一致する小札鋲留衝角付冑の製作時期とほぼ並行するとみてよいだろう。

甲冑の編年的位置　野中古墳から出土した甲冑群は、鋲留短甲を中心に見た場合、革製衝角付冑や襟付短甲が古相、眉庇付冑が新相を示しているが、製作段階は互いに近似したものと判断できる。野中古墳の築造にあたって、最新の武具類が抽出され、副葬に至ったとみてよいだろう。総体的な編年的位置としては、甲冑において鋲留技法を用いることが支配的になる、鋲留技法定着期に相当し、筆者の古墳編年では、中4期（中期中葉新段階）の武装の典型例として捉えることができる。

刀剣の比率　野中古墳から出土した刀剣類については、その比率に注目しておきたい。刀と剣（槍先を含む）の数量比率は時期的な傾向を示すものでしかないが、剣主体の組成から刀主体の組成に変化することが知られており、古墳築造時期の様相を整理する上でも参考になる。野中古墳第一・第四列における刀：剣の比率は153：16という値を示す。野中古墳よりも築造段階が古い中3期の古墳における刀剣比率を瞥見すると、大阪府西墓山古墳で42：36、京都府恵解山古墳で146：68以上、大阪府アリ山古墳（中央施設と北施設の合計）で77：56、といった数値を示し、中3期を通して刀剣の比率が拮抗もしくは逆転していく様相が読み取れる。野中古墳例の比率はその延長上にあり、刀の占める割合が支配的になる段階と評価できるだろう。刀剣の比率から考えても、野中古墳の築造時期は中4期と捉えて矛盾はない。

鉄鏃の様相　野中古墳から出土した鉄鏃には、鳥舌鏃（長身鳥舌鏃を含む）、逆刺柳葉鏃、両刃短頸鏃、両刃長頸鏃、独立片逆刺長頸鏃の各形式が認められる。鉄鏃が出土した施設は、第二列と第三列であるが、それぞれ50本程度のまとまりをもって出土している。50隻を一具とする奈良時代の軍防令に通じる扱いがみられ、制度的な武装として整えられたものである可能性があるだろう。さらに、野中古墳から出土した鉄鏃は、形式ごとに矢束が揃えられている傾向がある。とくに、鉄鏃6群（以下、鉄鏃の束は報告書の記載名称を用いる）・7群の西束・9群中の一束（N8′群と注記）は鳥舌鏃、2群・4群は逆刺柳葉鏃、3群は両刃短頸鏃、7群の東束は両刃長頸鏃、5群は独立片逆刺長頸鏃で構成されている。独立片逆刺長頸鏃で構成される鉄鏃5群が陶質土器の小型把手付壺と重なって出土している点も示唆的である。特殊な新形式の鏃を備えた矢束が朝鮮半島との繋がりを象徴する器物と共に特別視されていた可能性をうかがわせている。

鉄鏃群の編年的位置づけについて触れておく。鳥舌鏃は、通有形態を呈するもの（図3-1）は少数で、伸張化が顕著な「長身鳥舌鏃（図3-2〜7）」が大半を占める。後者は極めて細身で長く、山形突起も不明瞭であることから、新形態の鉄鏃として認識する方が妥当との見解もあるだろう。いずれにしても、鳥舌鏃の最終末の段階を示す形態と評価できる。逆刺柳葉鏃（図3-8〜11）は深い逆刺をもち、方形の頸部が連接する。鏃身が長いものが新相を示すが、野中古墳例は比較的短身のものが一定量含まれ、逆刺柳葉鏃の系列としては必ずしも最新の様相を示しているといいがたい。短頸鏃（図3-12〜15）はいずれも両刃で、頸部長が4.3〜5.7cm程度の範囲におさまる。なお、鉄鏃3群の中に鏃身二段関を呈するものが含まれる可能性があり（図3-13）、今後、X線画像の検討などを進める必要がある。長頸鏃（図3-16・17）は両刃のもので占められ、頸部長は10.0〜10.5cm程度である。鏃身部が比較的大型で、長頸鏃としては古相の特徴を示

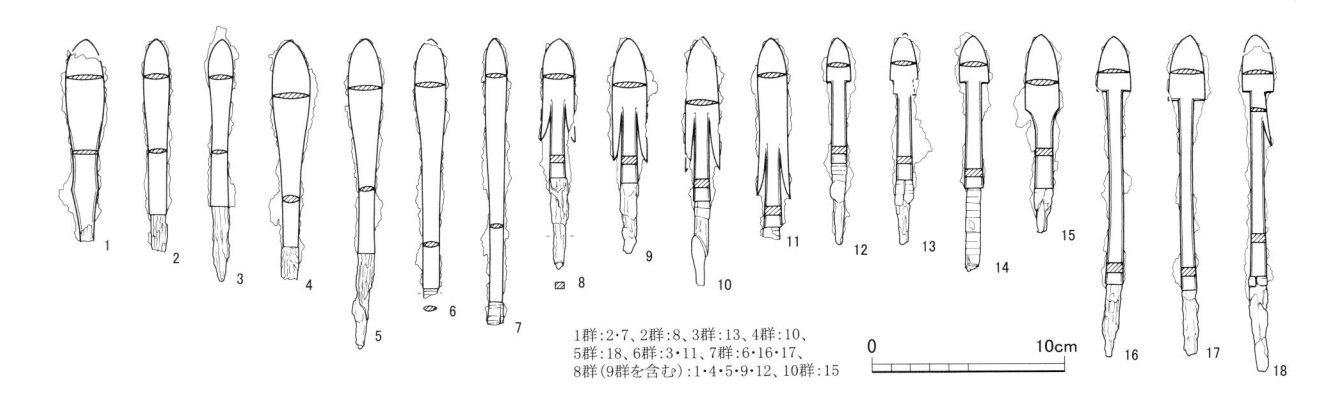

図3　野中古墳出土鉄鏃

1群：2・7、2群：8、3群：13、4群：10、
5群：18、6群：3・11、7群：6・16・17、
8群（9群を含む）：1・4・5・9・12、10群：15

す。独立片逆刺長頸鏃（図3-18）は、鏃身部が大型で、外反傾向をもつ短小な片逆刺が連接する。筆者の分類によるⅠ類（鈴木2003b）に相当する。刃部と片逆刺を一体成形する技法（Ⅱ類）が出現する以前の形態であり、独立片逆刺長頸鏃出現期の特徴を示している。

これらの特徴を示す鉄鏃群は、筆者が示す鉄鏃編年（鈴木2003a）のⅢ期の特徴を示しており、野中古墳の築造時期を中4期とみる有力な根拠として捉えることができる。

農工具の実態　野中古墳に認められる農工具は、方形鍬鋤先、U字形鍬鋤先、曲刃鎌、手鎌、刀子（蕨手刀子を含む）、鑿である。通有の鉄鎌は、すべて曲刃形態であり、直刃鎌は含まない。またU字形鍬鋤先が一定量含まれることも注目できる。

古墳時代中期における農工具の変化として、鎌と鍬鋤先の形態が古くから注目されてきた（都出1967）。すなわち、中3期において従来の直刃鎌に加えて曲刃鎌が出現し、中4期において方形鍬鋤先に加えU字形鍬鋤先が出現するという見解である。中3期の鉄器大量埋納事例である大阪府西墓山古墳、京都府恵解山古墳、大阪府アリ山古墳において、直刃鎌と曲刃鎌の双方が出土しており、前者の理解は首肯できる。

いっぽう、U字形鍬鋤先については、製作技法の転換が必要なため、日本列島における定着に時間を要した可能性がある。U字形鍬鋤先の初現的な事例は中3期に遡る可能性があるが、資料数が増加し安定的に認められるのは、野中古墳例が示すように中4期の段階と整理できるだろう。

以上、野中古墳にみられる農工具の組合せは、農工具変革期の組合せの中でも新相を示すものであり、中4期の典型例として認識できる。

滑石製品の特徴　野中古墳からは、滑石製品が豊富に出土している。墳頂部出土品としては、刀子形81点、鎌形2点、斧形1点、勾玉1点があり、周溝出土品としては、勾玉形2点、剣形2点、有孔円盤2点、臼玉41,297点以上が知られる。

大量に出土した刀子形石製品は、いずれも扁平で、特別に手の込んだ造りをなすものは知られていない。鞘と柄の境界についても不明確な個体が多く、柄の表現も簡略化が進んだものが目立つなど、後出的要素が多い（北山2002、河野2003）。鎌形石製品は曲刃鎌を模している。

表2に刀子形石製品中心に滑石製品を大量に出土した事例の組成を比較した。野中古墳の滑石製品は、農工具の組成が刀子、鎌、斧、の三種に収斂し、鎌において曲刃形態が表現される時期にあたると整理できる（白石編年第3期、白石1985）。また、周溝から出土した資料から、粗製板状の勾玉形や、短小な無茎剣形、有孔円盤の板状粗製品三種が一定量みられる段階に相当することも知られる。

古市古墳群の他の古墳から出土した滑石製品とも比較しておこう。墓山古墳から出土した滑石製勾玉（羽曳野市1994）は、断面が円形に近い肉厚のつくりで、野中古墳の墳頂出土例と比べても明らかに古相を示している。西墓山古墳から出土した斧形石製品（藤井寺市教委1997）は、袋部の合わせ目を表現し、肩の張りが強いという点で、野中古墳例と比べて先行的要素を認めうる。このように、滑石製品の組成の推移や、型式学的な検討を通じても、野中古墳の築造時期を中4期と捉えることの妥当性が指摘できるだろう。

須恵器の時期　野中古墳から出土した土器は、従来、TK73型式期の典型例とされてきた。しかし、その詳細を検討した中久保辰夫（本書72〜79頁）によると、陶質土器小型把手付壺・蓋、陶質土器・初期須恵器三角形透窓高杯、器台多透窓脚部などは古い様相を呈するものの、陶質土器・初期須恵器の壺および器台の一部、土師器はTK216型式期に近い特徴を備えるという。野中古墳出土土器は、陶質土器を含めTK73型式期からTK216型式期にかけて製作されたと評価できるだろう。出土土器の総体としての時期を捉えるとすれば、最新の様相を示す資料を重視する立場から、TK216型式期に接点があるとみても矛盾はない。

円筒埴輪の製作段階　野中古墳に樹立された円筒埴輪は、1964年の大阪大学による調査時の出土品のほかに、藤井寺市

表2　滑石製模造品多量出土例

古墳名	(施設名)	刀子形	鎌形		斧形		鑿形	鉇形	勾玉(形)		剣形		有孔円盤	臼玉	その他の石製模造品	時期
			直刃	曲刃	有袋孔	無袋孔			肉厚	粗製板状	有茎	無茎				
石山	(東槨)	124	3		11		2	1	33					6878		中1期
	(中央槨)	52			39						1					中1期
	(西槨)	60	3		19		1							約2000		中1期
遊塚		137	5		8		1	1								中1期
金蔵山		80+							72		1					中1期
剣崎天神山		71	1		1										鏡2、坩2、槽1、杵1	中2期
久津川車塚		40+	1						5000+						槽1	中3期
野毛大塚	(第2主体)	233	1		1				5					12	下駄1、盤1、坩1、槽1、坏3	中3期
白石稲荷山	(西槨)	113+							115			17			箕1、案1、坩2、杵1	中3期
	(東槨)	114		1								18			下駄1、盤1、坩2、杵1、釧1	中3期
野中	(墳頂)	81		2					1						(砂岩製：臼1、杵1)	中4期
	(周溝)									2		2	2	41,297+		中4期
カトンボ山		360		13	4	2			120	605	1	1		約20,000	子持勾玉4	中5期
舞台1号		67		1+(1)	7	2				1		15	202		下駄1、鏃5	中6期

で継続的に行われている発掘調査で得られたものがある。確認できる円筒埴輪はすべて窯窯焼成によるものであり、外面にはB種ヨコハケが認められる個体が多いことから、川西宏幸による円筒埴輪編年（川西1978）のⅣ期に位置づけられる。全体形がうかがえる個体は少ないが、1964年の出土品の中に完形に復元できるものがあり、4条5段構成であることが知られる（図5-8）。

円筒埴輪の色調は、黄褐色もしくは赤褐色を呈するもので、須恵器のような焼成や色調をもつ個体は少ない。口縁形態には、端面もつ外反口縁（図4-1～3）、直立口縁（図4-4～6）、貼付口縁などがみられる。貼付口縁は数が限られ、形象埴輪の基部をなすものと捉えられる。口縁形態のうち、多数を占めるのが、直立口縁である。直立口縁の円筒埴輪には、口縁直下に沈線を巡らすものが多い。この沈線は最上段の高さを決める間隔設定技法との関連を想起させるが、沈線が明瞭なものが多く、口縁端部を際立たせる視覚効果を意識したものとも解釈できる。同様の特徴は大阪府大仙陵古墳出土埴輪（加藤2008）にも看取でき、中4期の埴輪の特徴として認識しうる。突帯形状は突出高1cmほどの台形のもの（図4-7～9）が多いが、高さ0.5cm以下の低平なもの（図4-10・11）も含まれる。突帯間隔は10.5～11.5cmを測るが、完形に復元できる4条5段構成の個体の突帯間隔は10.5cmである。

外面調整のB種ヨコハケにはBb種、Bc種、Bd種の各種（一瀬1988）がみられる。このうち、Bb種は最上段など部分的にみられるもので、数は少ない。野中古墳の埴輪の外面調整は、Bc種ヨコハケが主体を占めるとみてよいだろう。

以上の特徴をもつ野中古墳の円筒埴輪は、埴輪検討会編年（埴輪検討会2003a・b）のⅣ期2段階に位置づけられる。大王墓との並行関係を示すとすれば、大仙陵古墳の埴輪が最も近似した特徴をもつといえるだろう。

野中古墳の築造時期　野中古墳の出土遺物には、陶質土器の把手付壺や初期須恵器の一部、革製冑など、やや古相を示すものが含まれるが、大多数の出土品は、ここまでの検討で確認したとおり、ほぼ同段階の所産と捉えてよい。今回の再整理を通じて、最新相を示す遺物群の相互比較から、野中古墳の築造時期は、筆者による古墳様式編年の中4期（中期中葉新段階）に相当することが明確になったといえるだろう。この段階は、須恵器型式ではTK216型式期にほぼ並行し、円筒埴輪は埴輪検討会編年Ⅳ期2段階と接点がある。従来の古墳様式との対応関係を示すと、和田晴吾による古墳編年（和田1987）の八期、前方後円墳集成編年（広瀬1991）の7期のそれぞれ前半に相当する。

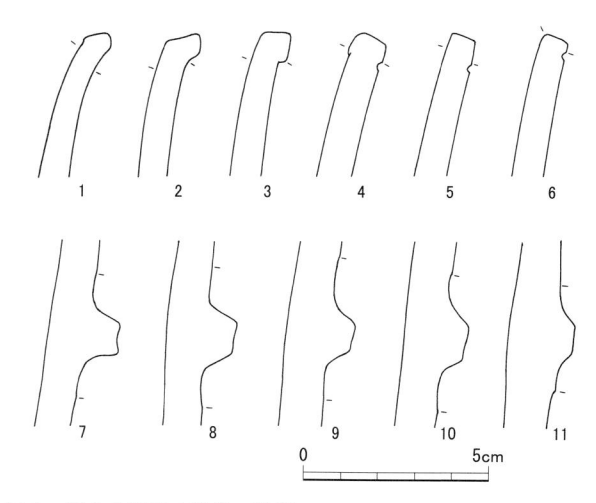

図4　野中古墳出土埴輪の詳細

2　墓山古墳と周辺の古墳

　古墳編年の認識が深化するに従い、従属墳である野中古墳と、その主墳である墓山古墳の築造時期について詳細な検討が可能になった。また、墓山古墳の周囲には野中古墳と同様の性格がうかがえる方墳が複数認められる。以下、墓山古墳とその周辺の方墳群について、築造位置や築造時期について整理しておこう。

墓山古墳の概観　墓山古墳は全長225mの大型前方後円墳である。墳丘規模は古市古墳群中5番目の大きさであり、百舌鳥・古市古墳群中の近接時期の古墳としては、誉田御廟山古墳（425m）や上石津ミサンザイ古墳（365m）に次ぐ規模を誇る。埋葬施設として蓋に格子状凹面がある長持形石棺が確認されているほか、墳丘から比較的豊富に埴輪が出土している（羽曳野市1994）。

　墓山古墳の副葬品の内容は不明確であるが、滑石製勾玉や、墳丘出土の埴輪によってその築造時期をうかがうことができる。滑石製勾玉は厚みがみられ、先述のとおり野中古墳例よりも古相を示している。円筒埴輪は、外堤からの出土品が知られている（藤井寺市教委1997）。外堤の円筒埴輪には、野焼き焼成の製品と窖窯焼成の製品が混在する（黒斑出現率20％）。外面調整にはBa種・Bb種ヨコハケが多く確認できる。これらの様相から、墓山古墳の築造時期は川西編年Ⅳ期最古相、埴輪検討会編年Ⅲ期2段階に位置づけられる[5]。

向墓山古墳　向墓山古墳は一辺68mの二段築成の方墳であり、墓山古墳の外堤と一連の計画をもって築造されたことが明確にされている（羽曳野市1994）。円筒埴輪は有黒斑の個体のみが確認されていること、外面調整にはBa種ヨコハケが確認できること、突帯間隔は12.5～13.4cmと幅が広いことなどから、川西編年Ⅲ期、埴輪検討会編年Ⅲ期2段階に位置づけられる。墓山古墳の外堤出土資料と比べると古い様相がみられるが、両者ともに出土埴輪の数が限られることから、古墳樹立資料の全体的傾向が正確に比較できるとはいいがたい。古墳の築造時期は、墓山古墳とほぼ同段階とみてよいだろう。

西墓山古墳　西墓山古墳は墓山古墳の南方に立地する一辺20mの方墳である。墳頂部の鉄器埋納施設が調査され、大量の刀剣類、鉄製農工具類が出土した（藤井寺市教委1997）。農工具に曲刃鎌を含むことから、中3期に位置づけられる。埴輪は有黒斑と無黒斑の個体が混在すること（黒斑出現率9％）、外面調整はBb種ヨコハケが主体であること、突帯間隔の平均はおよそ12.2cmであることなどから、墓山古墳と

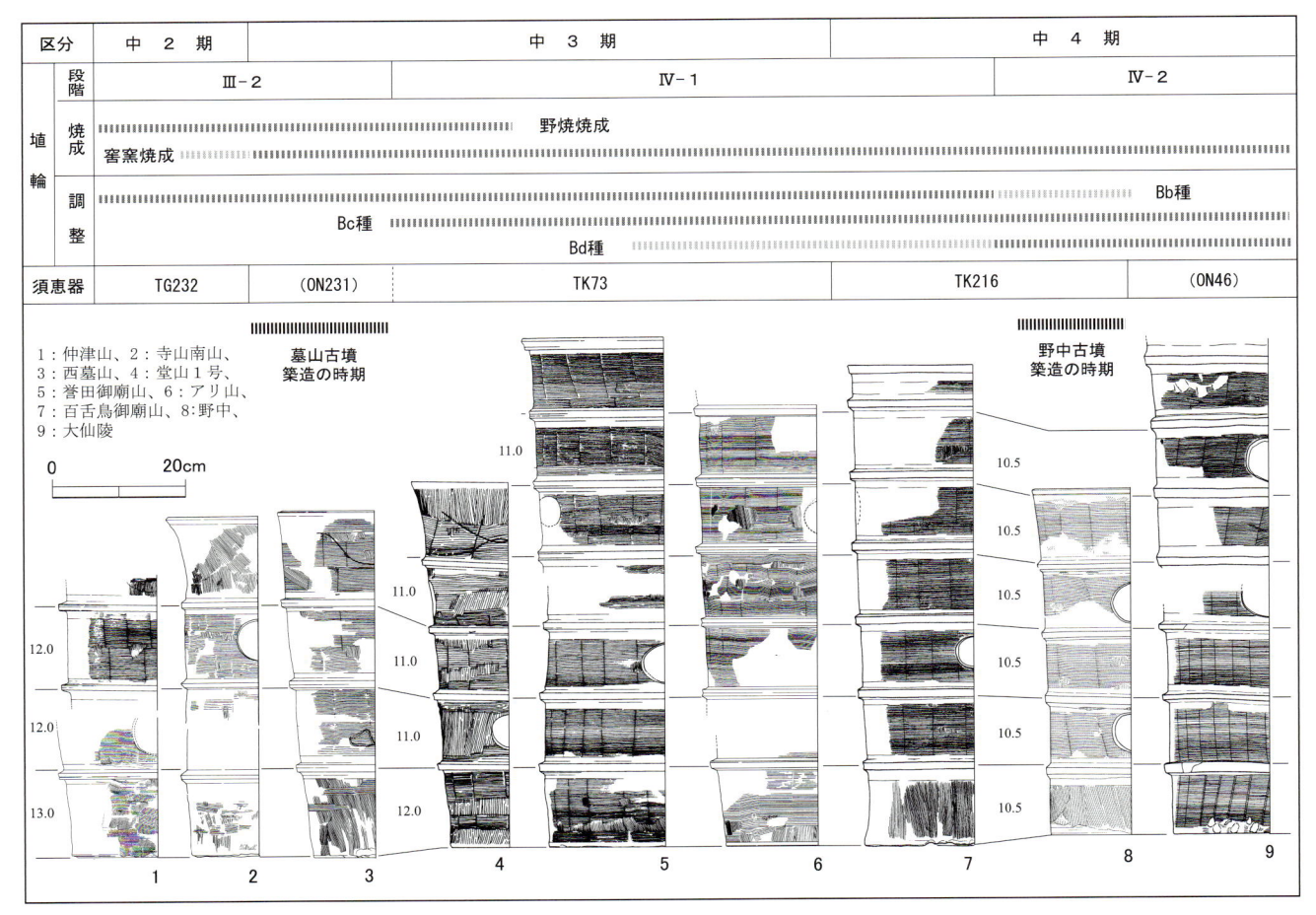

図5　百舌鳥・古市古墳群を中心とした埴輪の変遷

同じ川西編年Ⅳ期最古相、埴輪検討会編年Ⅲ期2段階に位置づけられる。

浄元寺山古墳　浄元寺山古墳は一辺67mの二段築成の方墳である。墓山古墳の前方部外堤に接して築造されている。円筒埴輪はわずかに有黒斑のものが認められるが（黒斑出現率3％）、大部分は窖窯焼成品で占められる（藤井寺市教委1997）。埴輪は全体形がうかがえる資料がないが、口縁端部は屈曲して端面をもつものが多く、突帯も総じて高いことから、野中古墳例と比べると、古相の特徴をとどめる。川西編年Ⅳ期古相、埴輪検討会編年Ⅳ期1段階に並行するといえるだろう。

築造時期の相違　以上の通り、墓山古墳とその周辺の方墳群については、図6に示すような築造時期の差異を認めうる（藤井寺市教委1997）。その時間幅は、古墳様式編年における中3期〜中4期の範囲におさまるが、須恵器型式や埴輪編年小期では2段階程度の差に該当する。この差異は実年代に置き換えると、最大で30〜40年程度に及ぶとみられるだろう。野中古墳に副葬された武器・武具などの物品は、墓山古墳の被葬者が生前にかかわったものではなく、墓山古墳被葬者の死亡後、次の世代において野中古墳にもたらされたものと評価できる[6]。

3　野中古墳と陪冢論

陪冢の定義　野中古墳の豊富な副葬品は、一辺37mの方墳の被葬者単独の力で用意できたものではないことは明確である。古市古墳群という巨大前方後円墳の密集地に築かれてい

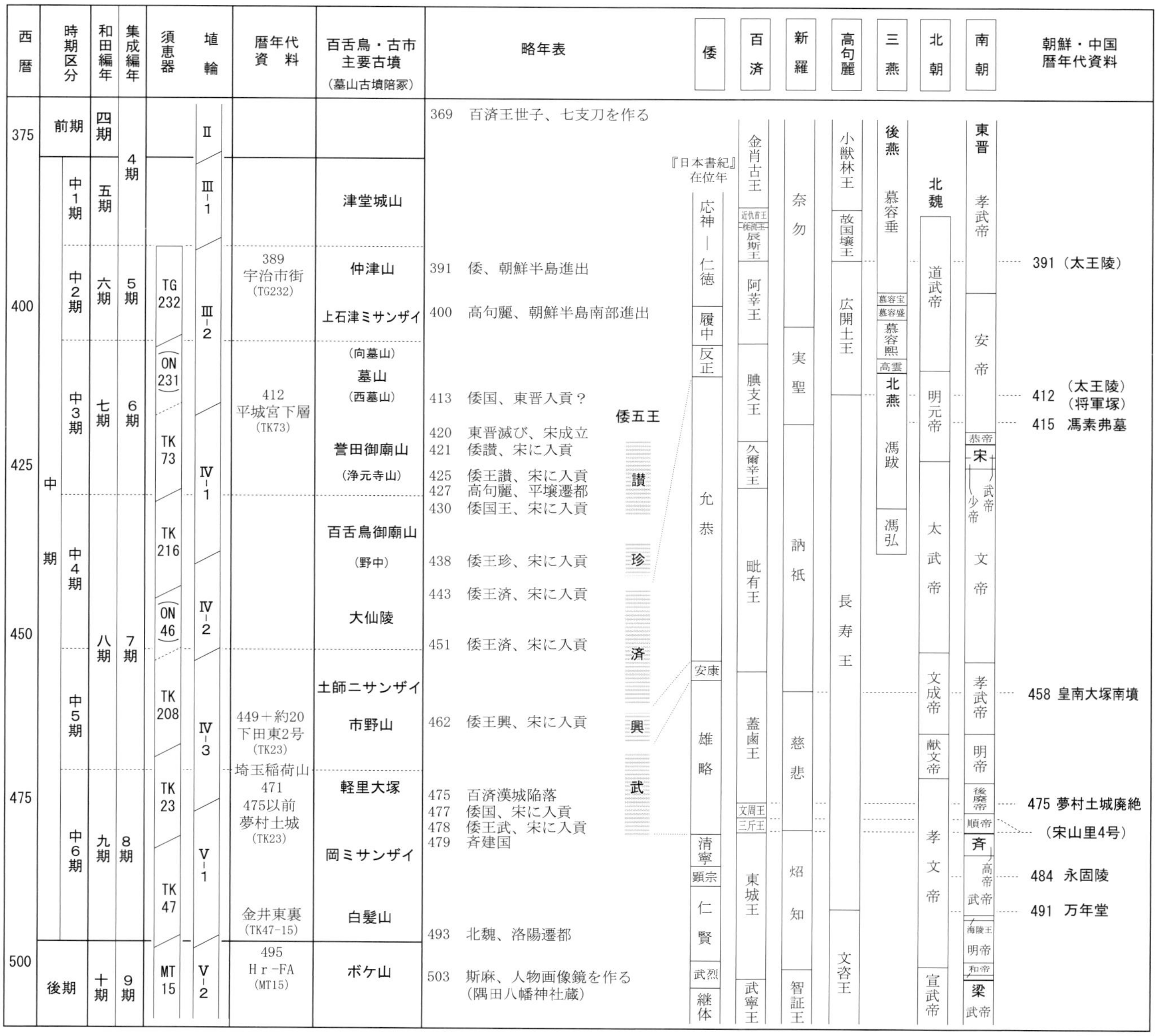

図6　古墳時代中期の年代観

ることをふまえれば、この古墳における大量の武器武具の集積に、巨大権力の介在を見出すことが可能であろう。

大型前方後円墳に隣接する規模や墳形の格差が明確な古墳は、陪冢（「陪塚」ともいう）と呼ばれる。陪冢を巡っては、古くからの議論があるが（藤田2006）、中でも西川宏が明確に指摘した陪冢の定義（西川1961）、すなわち、1）主墳との明確な従属性、2）主墳との同時代性、3）主墳と関連する古墳構築位置の計画性、の3要素に注目し、野中古墳の特徴を検討したい。

主墳との階層差　墓山古墳に従属する4基の方墳のうち、浄元寺山古墳や向墓山古墳は、古墳時代中期の方墳として隔絶した規模をもつ。野中古墳の一辺37mという規模も単独で築造されれば、大型方墳として理解されることもあろう。しかし、これら規模が大きな方墳についても、隣接する墓山古墳の規模と比較すれば、明らかに階層性を認めうる。墓山古墳に近接した4基の方墳すべてには、墳丘規模において従属性を認めることができるだろう。

主墳との同時代性　先述のとおり、野中古墳の築造時期は墓山古墳の築造時期と比べて新しく、実年代に変換すると最大で30～40年程度の開きがある可能性を指摘した。ただし、この年代幅は、野中古墳の被葬者と墓山古墳の被葬者の生前の活動時期の重なりを否定するものではない。考古学的に認識しうる数段階の時期差は、陪冢の定義における「同時代性」の許容範囲に収まると解釈しうる。

築造位置の計画性　向墓山古墳や西墓山古墳、浄元寺山古墳は、墓山古墳の外堤と並行する位置に築かれている。また、向墓山古墳の周溝は墓山古墳の外堤外溝と共有され、陸橋も確認されている。いずれも、築造位置の計画性を看取しうるといえるだろう。いっぽう、野中古墳の位置関係を検討すると、墓山古墳の外堤から若干の空隙地があり、主軸が外堤と並行しないなど、先の3古墳との差異を指摘しうる。こうした築造位置の細差は、墓山古墳との築造時期の違いと関係している可能性がある（藤井寺市教委1997）。ただし、野中古墳と墓山古墳は墳丘裾間で75mという至近距離にあり、墓山古墳の後円部中心を意識したような墳丘方位が看取できることを考慮すれば、野中古墳の築造位置にもある程度の「計画性」を見出すことは十分許されるだろう。

陪冢の再定義と性格　陪冢の指標を比較的緩やかに捉え、野中古墳を墓山古墳の陪冢と認定しうることを示した。以下、この前提をもとに、陪冢としての野中古墳の被葬者像について触れておこう。前方後円墳の被葬者を地域の共同体を統合するような首長権や王権を体現する人物と捉えるなら、多くの論者が指摘するように陪冢としての方墳の被葬者に、首長権や王権を補佐する役割を認めてよいだろう。

墓山古墳と周囲の陪冢は、大型の前方後円墳を中心に一つ

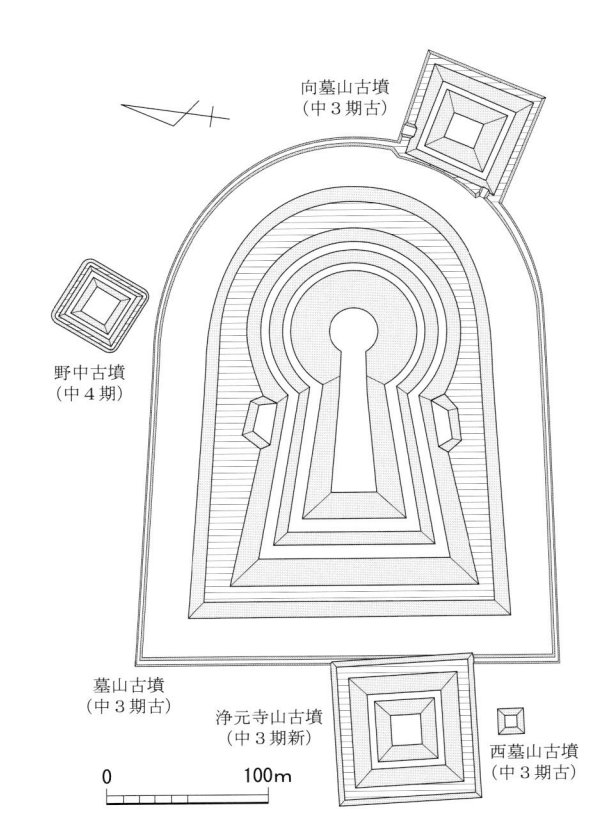

図7　墓山古墳と周辺の方墳群

の古墳複合体を形成している。各陪冢に被葬者が想定できるとすれば、この複合体は墓山古墳の被葬者を中心とした従属者の存在を示しているとみてよいだろう[7]。その結びつきの実態をうかがう手段は限られるが、主墳と時期差がある副葬品をもつ野中古墳の存在は示唆的である。主墳の被葬者が死亡してもなお陪冢の被葬者が活躍していることをふまえると、主墳と陪冢の被葬者の関係は、個人的な主従関係というよりは、血縁関係など世代を違えても継続するような不変的な繋がりであった可能性が高い。

大量の武器・武具の出土から、野中古墳の被葬者の職掌については、武装の管理掌握が第一であったと考えられる。さらに、陶質土器の保有からうかがえるように、朝鮮半島との外交部門も重要な役目であった可能性も考慮してよいだろう。こうした職掌は墓山古墳の被葬者との個人的な関係で維持されたものでない。野中古墳の被葬者は、墓山古墳の被葬者との密接な関係がある出自をもち、倭王権における地位のもと、軍事・外交の任務を遂行したと評価できる。

結　語

野中古墳出土遺物の再検討を通じ、甲冑をはじめとする副葬品、滑石製品、須恵器、埴輪はそれぞれTK216型式段階に接点があることを明確にし、その築造時期は中4期（中期中葉新段階）にあたることを確認した。また、近接する墓山

古墳との築造時期の差異について検討を加え、陪冢の再定義をもとに被葬者論を展開する必要があることを指摘した。

野中古墳の墳形や規模、築造位置には、被葬者の出自が示されていると考えられる。いっぽう、副葬品や祭祀遺物には、倭王権における職掌が表れていると解釈した。

陪冢は古墳時代中期に特有なものであることをふまえれば、本稿で示した重層的な古墳被葬者のあり方は、「倭の五王」時代における王権構造の特質を明確にする糸口になりうる。情報が明確な陪冢の総合的な分析を通じ、より精度が高い議論を進めていくことが望まれる。

謝辞 本稿をなすにあたり、以下の方々との有益な議論があった。その名を記し、謝意を表したい（敬称略）。上田睦、河内一浩、阪口英毅、中久保辰夫、土生田純之、橋本達也、広瀬和雄、福永伸哉、三好裕太郎、十河良和、和田晴吾

註
(1) 同じく胴一連の横矧板鋲留短甲である福岡県稲童21号墳出土例も後胴裾板を中央で二分割しており、共通性が認められる。また、野中古墳6号短甲も同様の裾板分割がなされている。
(2) 野中古墳出土短甲の鋲頭径は6.0～7.0㎜を測るものが多く、滝沢が示すⅠ式（小鋲式）の指標、鋲頭径5㎜を超過する。滝沢が示す数値は緩やかな指標として捉えておく方がよいだろう。
(3) 野中古墳から出土した頸甲は、藤田による分類ではすべて引合板と本体板の下縁が揃うⅢc式に位置づけられているが、引合板と本体板の下縁が揃わないⅢb式に位置づける方が妥当なものが知られる。その詳細は以下の通りである。Ⅲb式頸甲：7号頸甲。Ⅲc式頸甲：3号頸甲、5号頸甲。Ⅲb式頸甲とⅢc式頸甲の中間形態：1号頸甲、2号頸甲、4号頸甲、6号頸甲。
(4) これらの特徴をもつ小札鋲留衝角付冑は上接式から内接式に移行する過程の段階に多い。製作段階を須恵器型式に相当させると、中4期に位置づけて矛盾はない。小札鋲留衝角付冑の検討では、これらの属性の出現期をTK208型式期の古相（ON46型式期）頃としたが、若干その時期を遡り、TK216型式段階に出現していると捉えても矛盾はない。
(5) 十河2008、289頁における対象表による。ただし、この段階をⅣ期1段階の初頭として捉えうる余地は残る。
(6) 墓山古墳に追葬者を推定することも可能であるが、現状では追葬を示す情報はみあたらない。また、野中古墳に副葬された最新の武器武具は、墓山古墳の被葬者への奉献品とみることも可能である。
(7) 墓山古墳の陪冢のうち、西墓山古墳には、人体埋葬が確認できないことから、副葬品埋納用の古墳である可能性が指摘されている（藤井寺市教委1997）。

参考文献
一瀬和夫1988「古市古墳群における大型古墳埴輪集成」『大水川改修にともなう発掘調査概要・Ⅴ』大阪府教育委員会
上田　睦2003「古墳時代中期における円筒埴輪の研究動向と編年」『埴輪論叢』第5号　埴輪検討会
加藤一郎2008「大山古墳の円筒埴輪」『近畿地方における大型古墳群の基礎的研究』
川西宏幸1978「円筒埴輪総論」『考古学雑誌』第64巻第2号　日本考古学会
河野一隆2003「石製模造品の編年と儀礼の展開」『帝京大学山梨文化財研究所研究報告』第11集　帝京大学山梨文化財研究所
川村和子1997「古市古墳群の埴輪生産体制―墓山古墳周辺の方墳出土円筒埴輪の検討から―」『西墓山古墳』藤井寺市教育委員会
北野耕平1976『河内野中古墳の研究』大阪大学文学部国史研究室
北山峰生2002「石製模造品副葬の動向とその意義」『古代学研究』第158号
白石太一郎1985「神まつりと古墳の祭祀」『国立歴史民俗博物館研究報告』第7集
白石太一郎ほか2008『近畿地方における大型古墳群の基礎的研究』
鈴木一有2003a「中期古墳における副葬鏃の特質」『帝京大学山梨文化財研究所研究報告』第11集
鈴木一有2003b「後期古墳に副葬される特殊鉄鏃の系譜」『研究紀要』第10号　（財）静岡県埋蔵文化財調査研究所
鈴木一有2008「前胴長方形分割の三角板短甲」『森町円田丘陵の古墳群』（財）静岡県埋蔵文化財調査研究所
鈴木一有2012「小札鋲留衝角付冑の変遷とその意義」『国立歴史民俗博物館研究報告』第173集
鈴木一有2014「七観古墳出土遺物からみた鋲留技法導入期の実相」『七観古墳の研究』京都大学大学院文学研究科
十河良和「古市・百舌鳥・玉手山古墳群の埴輪研究の歩み」2008『近畿地方における大型古墳群の基礎的研究』
滝沢　誠1991「鋲留短甲の編年」『考古学雑誌』第76巻第3号
田辺昭三1981『須恵器大成』角川書店
西川　宏1961「陪塚論序説」『考古学研究』第8巻第2号
都出比呂志1967「農具鉄器化二つの画期」『考古学研究』第13巻第3号
羽曳野市1994『羽曳野市史』第3巻　史料編1
埴輪検討会2003a・b『埴輪論叢』第4号・第5号
広瀬和雄1991「前方後円墳の畿内編年」『前方後円墳集成　中国・四国編』山川出版社
藤井寺市教育委員会1991『石川流域遺跡群発掘調査報告Ⅵ』
藤井寺市教育委員会1997『西墓山古墳』
藤田和尊2006『古墳時代の王権と軍事』学生社
和田晴吾1987「古墳時代の時期区分をめぐって」『考古学研究』第34巻第2号

襟付短甲の諸問題

阪口 英毅

　野中古墳からは、三角板革綴襟付短甲が3領出土した。出土した短甲11領のうち、革綴製品はこの3領に限られる。また、これらのみが、装飾性の高い稀少な冑—金銅装三尾鉄を備えた革製衝角付冑—と組み合う。大阪府立近つ飛鳥博物館に展示されている復元品などを通じ、これらは野中古墳を代表する遺物として、そのイメージ形成に大きく寄与してきたといえよう。

　襟付短甲は、その特殊なフォルムや20例に満たない稀少性などから、甲冑研究史上でも注目を集めてきた。ここでは、襟付短甲の出土例を概観するとともに、それらをめぐる既往の論点を紹介することで、野中古墳を多角的に再評価していくための基礎作業の一つとしたい。

出土例の蓄積過程　三角板革綴襟付短甲は、早くも戦前に大阪府七観古墳（1913年）や奈良県円照寺墓山1号墳（1929年）で部材が出土していた。しかしながら、攪乱を受けていたために全形を把握しえず、当初は現在のような襟付短甲としての認識には結実しなかった。戦後まもなく大阪府黒姫山古墳（1947年）で三角板鋲留襟付短甲が良好な遺存状態で出土したことにより、比較的早い段階で襟付短甲の全形が認知されたことは、以後の研究にとって僥倖であった。その後、大阪府百舌鳥大塚山古墳（1951年）での出土を経て、野中古墳（1964年）では原位置を保って出土したことにより、革綴製品として初めて全形復元がなされ、報告書（北野1976）に実測図（図1）と写真が掲載された。その後、大阪府豊中大塚古墳（1983年）・交野東車塚古墳（1988年）など良好な資料の蓄積が進み、その生産期間や細部のバラエティなどについて知見が増大した。また、奈良県上殿古墳から出土していた2領の方形板革綴短甲のうちの1領が襟付短甲であることが指摘され、その出現が帯金式甲冑の成立よりも遡ることが明らかにされた（高橋1987）。近年、兵庫県茶すり山古墳（2002年）で出土したことにより、それまで摂津・河内・和泉・大和地域に限定されていた分布範囲が、但馬地域にまで拡大することとなった（本書54頁 図3）。

　現在、襟付短甲の出土が報告されている古墳は9基、出土総数は筆者による算定で16領以上を数える（表1）。

形態的特徴　通常の短甲との比較の上でもっとも目を引く相異点は、その特殊なフォルムであろう。押付板は翼状に左右に大きく張り出し、逆L字状に屈曲して鰭状を呈し、脇部にまで達する。押付板が鰭状となるために脇部の後胴側に生じる空隙は、半月状の部材でカバーする。また、押付板の中央にはうなじを防御するように半円筒形の襟部がとりつく。そのフォルムの淵源は、衝角付冑とともに鳥装にあるとの説も提起されている（鈴木1999）。このような複雑なフォルムを実現するため、通常の短甲よりも部材が多い。したがって、鉄板の使用量、部材の裁断・加工・組み上げなど、すべての工程において通常よりも多大なコストが必要となる（北野1969）。一方で、そうして得られたフォルムは、着装者の運動の自由を著しく制約する。鰭部は腕の後方への動きを、襟部は首や肩の動きを大きく制限するつくりとなっている。

　帯金式甲冑への定型化以後、革綴製品から鋲留製品にいたるまで、三角板形式のみが生産されたことも、特徴の一つといえよう。三角形の地板は、生産性や機動性の向上という視点からの要請ではなく、辟邪の観念を表象するなどの象徴性を重視して採用された可能性が考えら

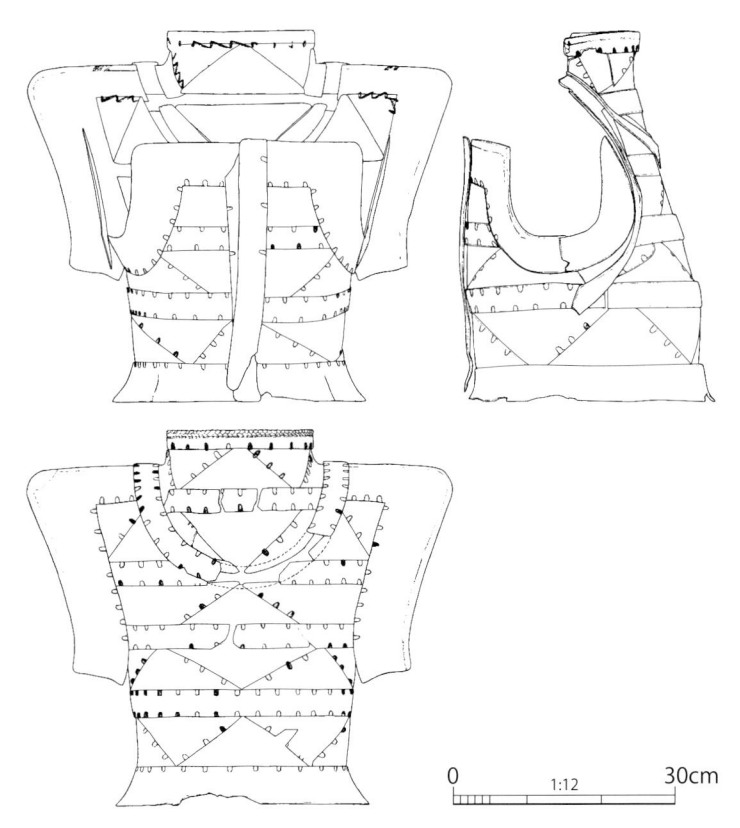

図1　野中古墳出土襟付短甲（北野1976を一部改変）

表1　襟付短甲出土古墳一覧

古墳名	地域	地板	連接技法	領数
上殿	大和	方形板	革綴	1
交野東車塚（1号棺）	河内			1
百舌鳥大塚山（1号槨）	和泉			1
豊中大塚（第2主体部東槨）	摂津	三角板		2
茶すり山（第1主体部）	但馬			1
七観（1913年出土）	和泉			1≦
野中（第1列）	河内			3
円照寺墓山1号（東側粘土槨）	大和			5≦
黒姫山（前方部）	河内		鋲留	1

れる（阪口1998）。このようなフォルム重視の地板形式と特殊なフォルムをもつ襟付短甲との親和性の高さは、注目に値する。

出現と展開　先にもふれたように、上殿古墳から方形板革綴襟付短甲が出土しており、帯金式甲冑の成立による、いわゆる甲冑の定型化に先立って襟付短甲が出現していたことが知られる。すなわち、古墳時代前期末、おおむね4世紀後半には襟付短甲のフォルムは案出されていた。その際、福岡県雀居遺跡出土例などの弥生時代の木甲のフォルムにみられる要素が採用された可能性も指摘されている（鈴木1999）。

　古墳時代中期、甲冑の定型化の後は三角形の地板が採用され、鋲留技法導入後は革綴短甲から鋲留短甲へと変遷を遂げる。その間、フォルムは一貫しつつ、地板の枚数が減少していく傾向が指摘されている（高橋1987，加藤2010，鈴木2013）。野中古墳出土の3領の中にあっても部材構成には相違があり、襟部に顕著である（本書71頁 図3）。三角板鋲留襟付短甲は黒姫山古墳出土の1例のみであるが、5世紀後半に位置づけられる。すなわち、襟付短甲の生産は、製品数は限定的とはいえ、約100年にわたって継続したことがわかる。

　野中古墳では襟付短甲以外の短甲がすべて鋲留製品であること、円照寺墓山1号墳でもその可能性が高いこと、茶すり山古墳では鋲留冑と共伴していることなどから、鋲留技法導入後も革綴襟付短甲の生産が継続したことがうかがえる。これは襟付短甲に限られた現象ではないが、その背景に「武装に付与された伝統性の認識」を看取する見解（鈴木2010）が提示されており、当時の人々の襟付短甲に対する認識をうかがう上で興味深い。

分　布　丹波地域の茶すり山古墳で三角板革綴襟付短甲が出土するまで、襟付短甲の出土は摂津・河内・和泉・大和地域という後の畿内、すなわち政権中枢の周辺に限定されていた。このことにより、襟付短甲は政権中枢とかかわりの深い武装との認識が生まれた。この認識を踏まえて、茶すり山古墳について「王権による重要視」が想定され、その背景として「畿内から日本海（韓半島）へ抜けるルートの要衝」に位置していることが想定された（加藤2010）。

　今後も「畿内」を離れた地域で出土する可能性があるが、その評価にあたっては、個別の背景を考慮するとともに、全体を俯瞰し、体系的な理解を追求していく必要もあろう。

性　格　ここまで概観してきた襟付短甲の諸属性に着目することで、その性格に迫ろうとする試みも多くなされてきた。研究初期から、「畿内のいわば中枢地域」に集中する分布のあり方、各地域の甲冑多量集積古墳で出土している事実に注目され、政権中枢と「強力な統属関係」にある被葬者像が想定された（北野1969）。また、野中古墳において革製衝角付冑という特殊な冑とのみ組み合うことにも注意が向けられてきた。甲冑の保有形態の検討を踏まえ、襟付短甲は革製衝角付冑とともに親衛隊ないし衛兵の武装として区別されていたとする見解が提起されている（藤田1996）。また、七観古墳における革製衝角付冑と変形板短甲（橋本2002）の組み合わせなどとの関連が指摘され、素材・形状・構成などの差異によって区別される甲冑の存在が説かれた（森下1997）。その一方、副葬時の扱われ方については、ほかと異なる特別な点はとりたてて看取されないことも指摘されている（森本2012）。

　その特殊なフォルムと着装者の動作性に対する制約からも、襟付短甲は戦時における武装としての機動性よりも、着装者が備える何らかの属性を表象する象徴性や装飾性が重視された製品であった蓋然性が高いと考えられる。

　野中古墳の築造に先立つ鋲留技法導入期、甲冑の装飾性を重視し、そのバリエーション増大をもくろむ政権中枢の政治的意図により外来系甲冑が必要とされ、その生産が可能な甲冑工人の渡来が実現したとみられる（阪口2008）。そうした情勢のもと、再編された甲冑のバリエーションの中で、前期以来の伝統的なフォルムをもつ在来系甲冑たる襟付短甲にも、ほかとは区別された甲冑として、辟邪の観念に加えて階級・職掌などの着装者の属性を表象する役割が、あらためて付与されたのであろう。

参考文献

加藤一郎2010「茶すり山古墳出土甲冑の特徴および構成とその意義」『史跡 茶すり山古墳』兵庫県文化財調査報告第383冊 pp.469-479

北野耕平1969「五世紀における甲冑出土古墳の諸問題」『考古学雑誌』第54巻第4号 pp.1-20

北野耕平1976『河内野中古墳の研究』大阪大学文学部国史研究室研究報告第2冊

北野耕平2005「野中古墳と襟付短甲」『百舌鳥古墳群と黒姫山古墳』堺市博物館 pp.106-113

阪口英毅1998「長方板革綴短甲と三角板革綴短甲」『史林』第81巻第5号 pp.1-39

阪口英毅2008「いわゆる「鋲留技法導入期」の評価」『古代武器研究』Vol.9 pp.39-51

鈴木一有1999「鳥装の武人」『国家形成期の考古学』大阪大学考古学研究室 pp.487-502

鈴木一有2010「古墳時代の甲冑にみる伝統の認識」『王権と武器と信仰』同成社 pp.718-729

鈴木一有2013「百舌鳥古墳群の武器武具に見る特質」『漆黒の武具・白銀の武器』堺市文化財講演会録第6集 pp.71-110

高橋　工1987「大塚古墳出土甲冑の編年的位置」『摂津豊中大塚古墳』豊中市文化財調査報告第20集 pp.141-149

橋本達也2002「九州における古墳時代甲冑」『月刊 考古学ジャーナル』No.496 pp.4-7

藤田和尊1996「親衛隊と衛兵の武装」『室宮山古墳範囲確認調査報告』御所市文化財調査報告書第20集 pp.46-57

森下章司1997「馬具と武具」『王者の武装』京都大学総合博物館 pp.48-55

森本　徹2012「襟付短甲の副葬様相」『館報』15 大阪府立近つ飛鳥博物館 pp.47-60

野中古墳出土短甲の比較検討

三好 裕太郎　竹内 裕貴

　野中古墳出土の短甲は、用いられている地板の数や大きさ、形状、鋲の数などに差異が認められる（短甲の部分名称は、コラム②参照）。その点を示すために、立体物である甲冑を前胴の引合部から広げた状態に展開した模式図を作成することにした（図1～3）。

鋲留短甲　はじめに、鋲留短甲にみられる特徴のいくつかをみていきたい。図1・2が、鋲留短甲の展開模式図である。

　まずは、地板について着目する。三角板鋲留短甲については、使われている三角板の数に注目すると、似ているものと異なるものが識別される。1・5・7号短甲は、長側第1段と第3段に9枚ずつの三角板が使われているのに対して、6号短甲は、長側第1段が11枚、長側第3段が12枚と他の短甲に比べて地板が多い枚数が用いられ、それに伴い地板が小さくなっている。

　次に横矧板鋲留短甲をみてみると、2号短甲では、脇部の地板が縦1列になるようにきれいに分割されている。それに対して、4号短甲をみると、地板を斜めに切り、分割のラインもそろっていない。用いられている地板も同じ型式の短甲でありながら、その形状が異なっていることになる。類似しているようでありながら、細部に差異を有することがわかる。

　次に、鋲の連接数に注目してみる。特に後胴竪上第3段の連接数は、短甲の時期を決定する要素の一つとみなされており、時期が下るにつれて減少していくことが明らかにされている。野中古墳では、三角板鋲留短甲の竪上第3段の連接数は、11～9、横矧板鋲留短甲では13～9となっている。なかでも4号短甲は連接数が13と多く、初期の横矧板鋲留短甲の様相を示している。同時に副葬された甲冑でも、連接数にこのような差がみられる。しかし、この竪上第3段の幅は三角板鋲留短甲では、すべて4.0cmを超えるものが用いられているが、横矧板鋲留短甲のものは4.0cmを下回るものがほとんどである。連接数では相異がうかがえる一方で、横矧板鋲留短甲は細い帯金を用いるという共通性も指摘できる。

　また、引合板の連接位置をみてみると、興味深いことがわかる。例えば4号短甲の左前胴竪上第3段とそれに繋がる引合板には帯金の延長線上で2ヶ所の鋲留を行っている。実際には帯金の下に地板も重なっているので、合計で3枚を留めていることになる。また、これ以外にも各段の地板が、引合板で1ヶ所鋲留されている。

　4号短甲以外の横矧板鋲留短甲でも、これと同じ連接位置がとられている。それに対して、三角板鋲留短甲での連接位置は短甲ごとで異なっている。引合板の連接位置をみると、横矧板鋲留短甲ではすべて共通しているものの、三角板鋲留短甲では短甲ごとにすべて異なる様相が認められる。

　三角板と横矧板の双方の短甲に共通する鋲は、その大きさからみると、7号短甲のように鋲頭径5mm大のものから、2号短甲のように7mm近いものまであり、全く同一のものとはいえない。ただし、こうしたなかでも、2～4号の横矧板鋲留短甲の鋲頭径はいずれも6.5mmを測り、規格性を有することは注目に値する。

　このような横矧板鋲留短甲の引合板の連接位置や鋲といった側面は、甲冑の胴回りや高さといった甲冑装着者の個人的な体型に制約されない特徴であり、それらの共通性にこそ製作者（集団）の限定性や規格化の進展が表れていよう。その一方で、共通する要素の少ない三角板鋲留短甲は、その製作の都度に設計を考えており、より丁寧な生産が行われていたものと推測される。

襟付短甲　図3は襟付短甲の展開模式図である。襟付短甲では、特に襟部を構成する地板に差異があらわれている。

　3領の中で注目すべき形状を有する短甲は、9号短甲である。9号短甲の襟部の特徴は、竪上第3段に帯金がみられないことと、襟部第4段に半円形の板を用いていることである。後胴の地板枚数を減らそうとする、工人のこだわりとも採れる意匠である。また、9号短甲は襟部第2段の首から肩に沿って鉄板を曲げるという、加工の難しい部分も他の2領より少ない3枚の鉄板で作り上げている。

　一方で、8号・10号短甲は、地板の分割法や襟部の構造など、多くの部分が類似している。襟付短甲という特殊な型式の短甲でありながら、類似するものと異なるものとが存在することになる。

　このように野中古墳から一括して大量に出土している短甲であるが、仔細な形状の違いや製作技術まで観察すると、一部に共通性がありながらも、1領1領に違いもあることが判明する。複数の工人によって作られたものを集積したのか、あるいは複数の人が野中古墳の被葬者に献納したのかといった点も議論されているが、同一の甲冑製作工人であっても差異が生まれる可能性はあり、着装者の体型などによって意図的な変更を加えていたことなども想定すべきである。このような微細な特徴に基づく甲冑群の異同は、野中古墳の評価にかかわってくるために、今後もさらに詳細な観察とそれを総合した評価が求められよう。

〔付記〕　紙数の関係上、参考文献は略した。図1・2は三好、図3は竹内が主に製図し、本文は両者が協議の上、三好が執筆した。また、一部の下図に関しては、鈴木一有氏・橋本達也氏の原図を利用し、両氏からは多くのご教示も得た。厚く御礼を申し上げます。

1号短甲

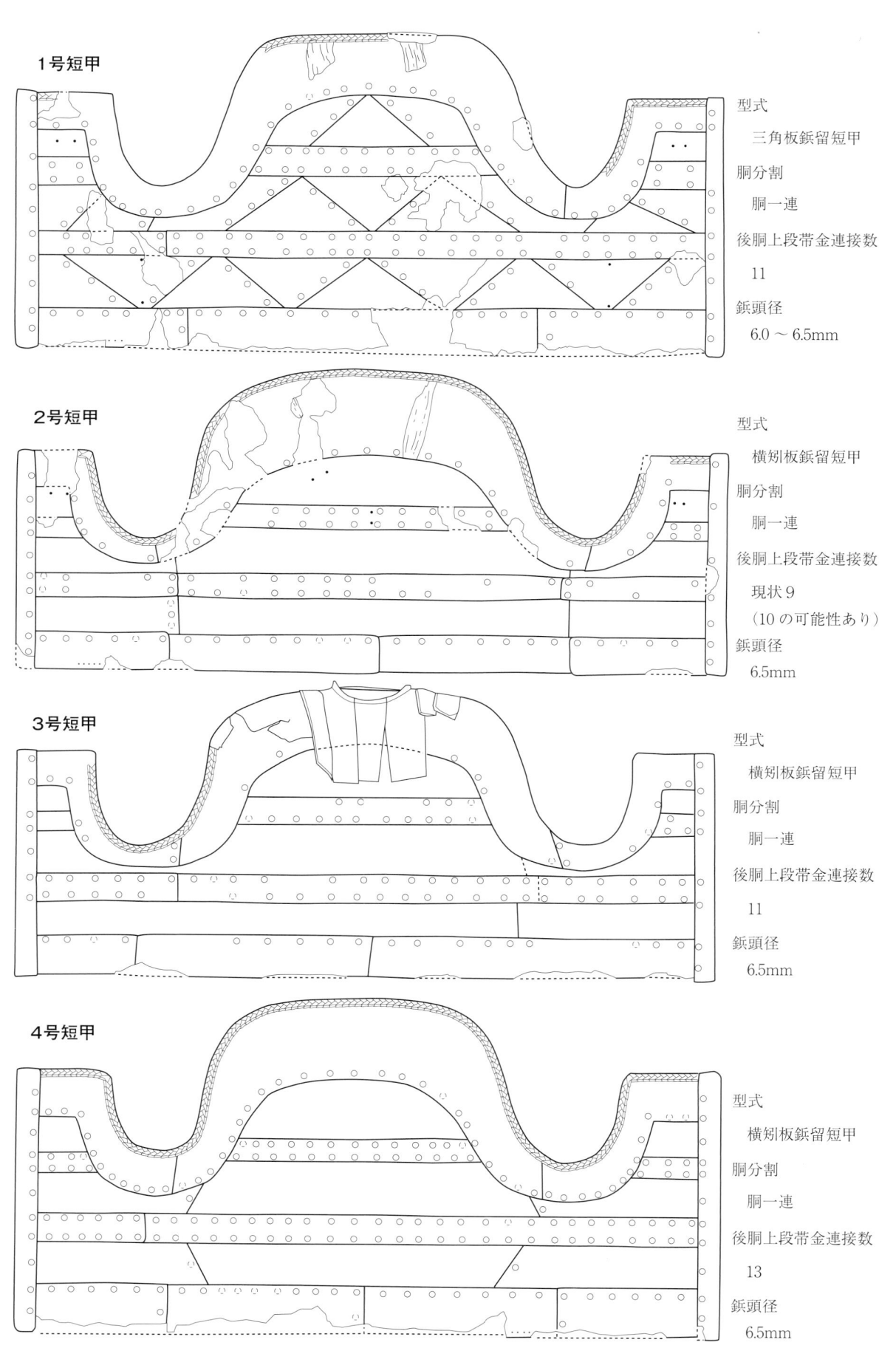

型式
　三角板鋲留短甲
胴分割
　胴一連
後胴上段帯金連接数
　11
鋲頭径
　6.0〜6.5mm

2号短甲

型式
　横矧板鋲留短甲
胴分割
　胴一連
後胴上段帯金連接数
　現状9
　（10の可能性あり）
鋲頭径
　6.5mm

3号短甲

型式
　横矧板鋲留短甲
胴分割
　胴一連
後胴上段帯金連接数
　11
鋲頭径
　6.5mm

4号短甲

型式
　横矧板鋲留短甲
胴分割
　胴一連
後胴上段帯金連接数
　13
鋲頭径
　6.5mm

図1　鋲留短甲展開模式図（1）

5号短甲

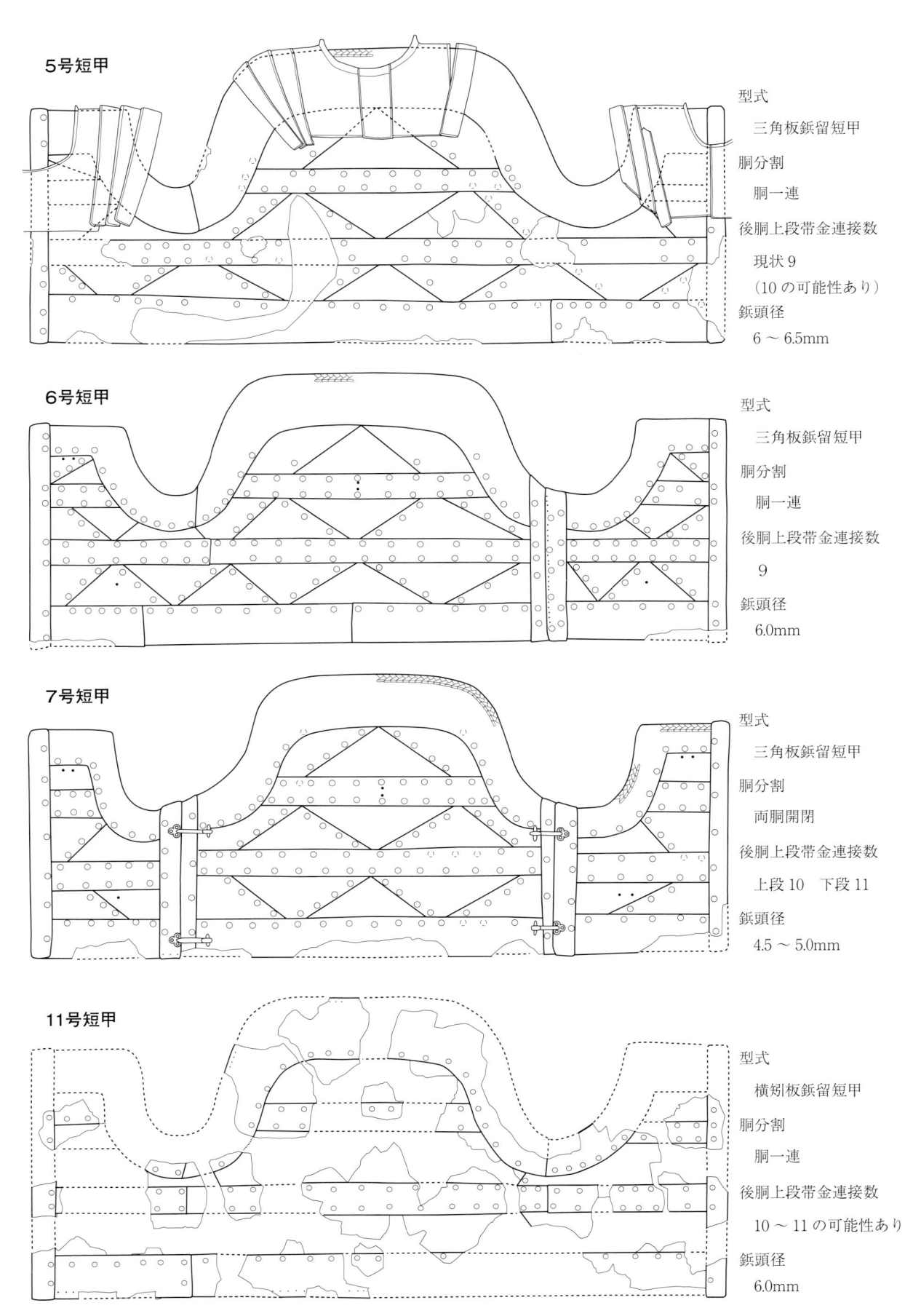

型式
　三角板鋲留短甲
胴分割
　胴一連
後胴上段帯金連接数
　現状9
　（10の可能性あり）
鋲頭径
　6〜6.5mm

6号短甲

型式
　三角板鋲留短甲
胴分割
　胴一連
後胴上段帯金連接数
　9
鋲頭径
　6.0mm

7号短甲

型式
　三角板鋲留短甲
胴分割
　両胴開閉
後胴上段帯金連接数
　上段10　下段11
鋲頭径
　4.5〜5.0mm

11号短甲

型式
　横矧板鋲留短甲
胴分割
　胴一連
後胴上段帯金連接数
　10〜11の可能性あり
鋲頭径
　6.0mm

図2　鋲留短甲展開模式図（2）

8号短甲

型式
三角板革綴
襟付短甲
胴分割
胴一連

9号短甲

型式
三角板革綴
襟付短甲
胴分割
胴一連

10号短甲

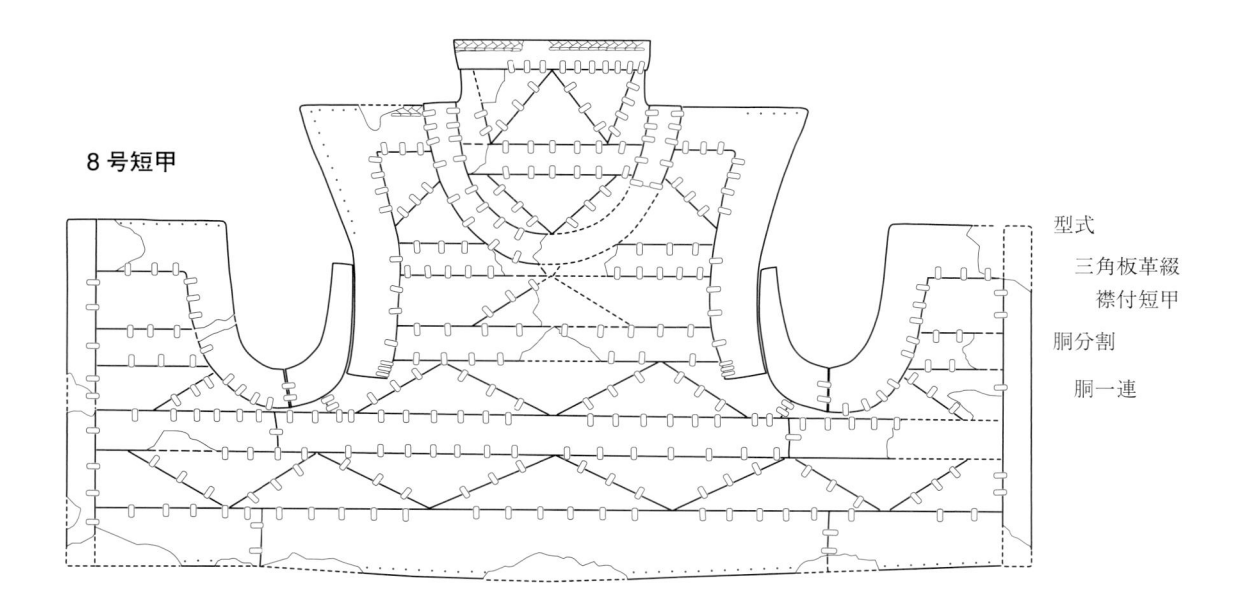

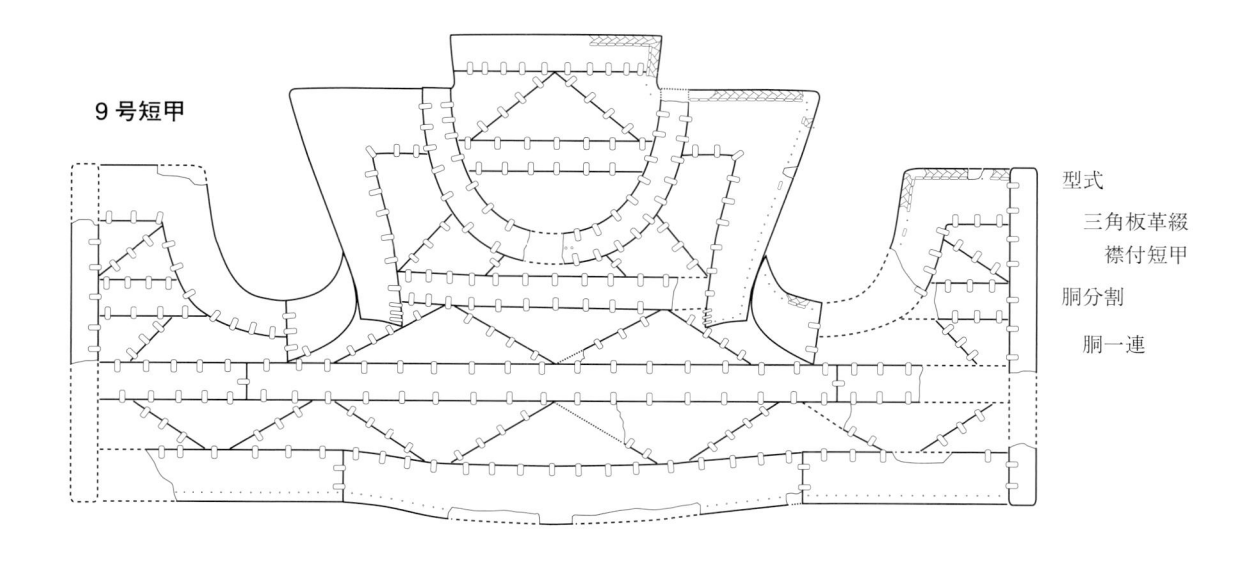

型式
三角板革綴
襟付短甲
胴分割
胴一連

図3　襟付短甲展開模式図

野中古墳出土土器の性格と意義

中久保 辰夫

はじめに

　古墳時代は、古墳の造営に多大な労力を傾けた時代である。おおむね 5 世紀に該当する古墳時代中期は、古市・百舌鳥古墳群に代表される巨大前方後円墳が次々と築造された時期であり、大規模な古墳造営に際してはごく限られた人物に対し、時には一日にして千人を超す労働力が投入された。しかしながら、一方で生活文化も飛躍的に向上し、その著しい変化の 1 つとして、窯業技術の導入と普及があげられる。窖窯を用いて堅く焼き締められた須恵器の登場は、日本焼物史上の一大変革であった。

　古墳時代に、日本列島在来の技術系譜上にある酸化焔焼成土器である土師器と韓半島南部に由来する還元焔焼成の須恵器という二者が存在することは、20 世紀初頭にはすでに把握されていた。ただし、須恵器生産開始の意義が十分に明らかになるには、出現時期を詳細に見定めることが可能な編年研究の構築と良質の出土資料を待たなければならなかった。1950 年代後半より発掘調査事例の増加とともに須恵器の編年研究は大きく進展する。そして 1964 年に調査された野中古墳は、韓半島の特徴を強く引き継いだ初期の須恵器と舶来の陶質土器の両者が検出されたために、須恵器生産開始期を知る上での良質の資料として学界に着目されたのであった。

　本稿では、野中古墳出土土器について今日的な視点からその性格と意義について述べることとしたい。ただし、約 8800 点に及ぶ土器を悉皆的に提示することは、現段階ではできないために、本稿ではその一端にしか紹介できないことをまず断っておきたい。

1 野中古墳出土土器の概要

土器の名称　野中古墳より出土した古墳時代に属する土器は、日本列島在来の土師器、韓半島からもたらされた陶質土器、韓半島由来の窯業技術を受容し、日本列島内で生産された須恵器の 3 つの器質より成る。

　陶質土器と須恵器は、舶載品である陶質土器と日本列島において製作された須恵器と、生産地によって区分されている（定森 1994）。しかし、初期の須恵器には韓半島南部より渡来した陶工の手によるものが含まれるため、器形や技術のみの観察では製作地の特定が難しいものが含まれる。そのため、陶質土器と初期須恵器の区別が難しい場合、陶質土器・初期須恵器と一括して呼称したい。なお、初期須恵器とは大阪府陶邑窯跡群の代表的な窯跡出土遺物を標識として名付けられた型式名でいう TG232 型式、ON231 型式、TK73 型式、TK216 型式、ON46 段階に属する須恵器を指す（岡戸編 1995、植野 2002、田中 2002、TG は梅地区、TK は高蔵地区、ON は大野池地区の略称）。これらの型式は TG232 型式から ON46 段階へと変遷し、TG232 期という場合は、TG232 型式の須恵器が製作された時期をあらわす。また本稿では必要に応じて ON231 型式を TK73 期の古段階、TK73 型式を新段階としたい（田中 2002）。

土器の出土位置　野中古墳より出土した土器資料は、総破片数で約 8800 点に上る（北野 1976）。その位置には墳頂部と第 2 列遺物群の 2 者が認められる。

　墳頂部より検出された土器は、陶質土器・初期須恵器が約 6800 片、土師器が約 2000 片である。埋納遺物列を埋め戻した後、第 1 列～第 4 列遺物群上の範囲を中心に供献されたものであり、囲形埴輪、蓋形埴輪、甲冑形埴輪、靫形埴輪および円筒埴輪・朝顔形埴輪、滑石製模造品とともに出土した。検出状況より、土器は本来、埴輪や各種滑石製模造品とともに墳頂部において挙行された儀礼に用いられたと考えられる。

　一方、第 2 列遺物群より検出された小型把手付壺および小型蓋 7 点は、墳頂部の土器とは区別されて埋納されていた。本来は多量の鉄鏃群とともに木櫃上に置かれ、木材の腐朽とともに櫃内に落ち込んだと報告されている（北野 1976）。

2 野中古墳出土土器の器種と系譜

土器の構成と儀礼内容　野中古墳より出土した土器の器種は、表 1 のようにまとめることができる（北野 1976）。

　墳頂上より検出された陶質土器・須恵器は、中・小形の貯蔵器である壺とそれを載せた中・小形の高杯形器台によって主に構成される。有鍔土器として報告された土器は、蓋や把手を有する大型の台付壺になると推測できる。従って台付壺は完形に復元された 1 個体に加え、さらに数個体あったと考えられる。外反口縁壺は、いずれも口縁部片、体部細片が多く、器形の復元は困難を極めるが、器高 20cm 程度の小型品が主体であると推定できる。器面に平行タタキ目を有する破片が少なからずあり、浅い青海波文も散見できる。

　他方、土師器は蓋を有する高杯（有蓋高杯）が多数を占め、主として供膳の道具として用いられた[1]。有蓋高杯は脚柱部を 57 破片確認でき、接合関係を確かめたところ、少なくとも 30 個体を見積もることができる。蓋はツマミ部が 40 個体認められる。有蓋高杯はいずれも小型であり、内容量は 100ml 前後である。杯や甕も存在するが、わずかである。

図1　野中古墳出土小型把手付壺・蓋

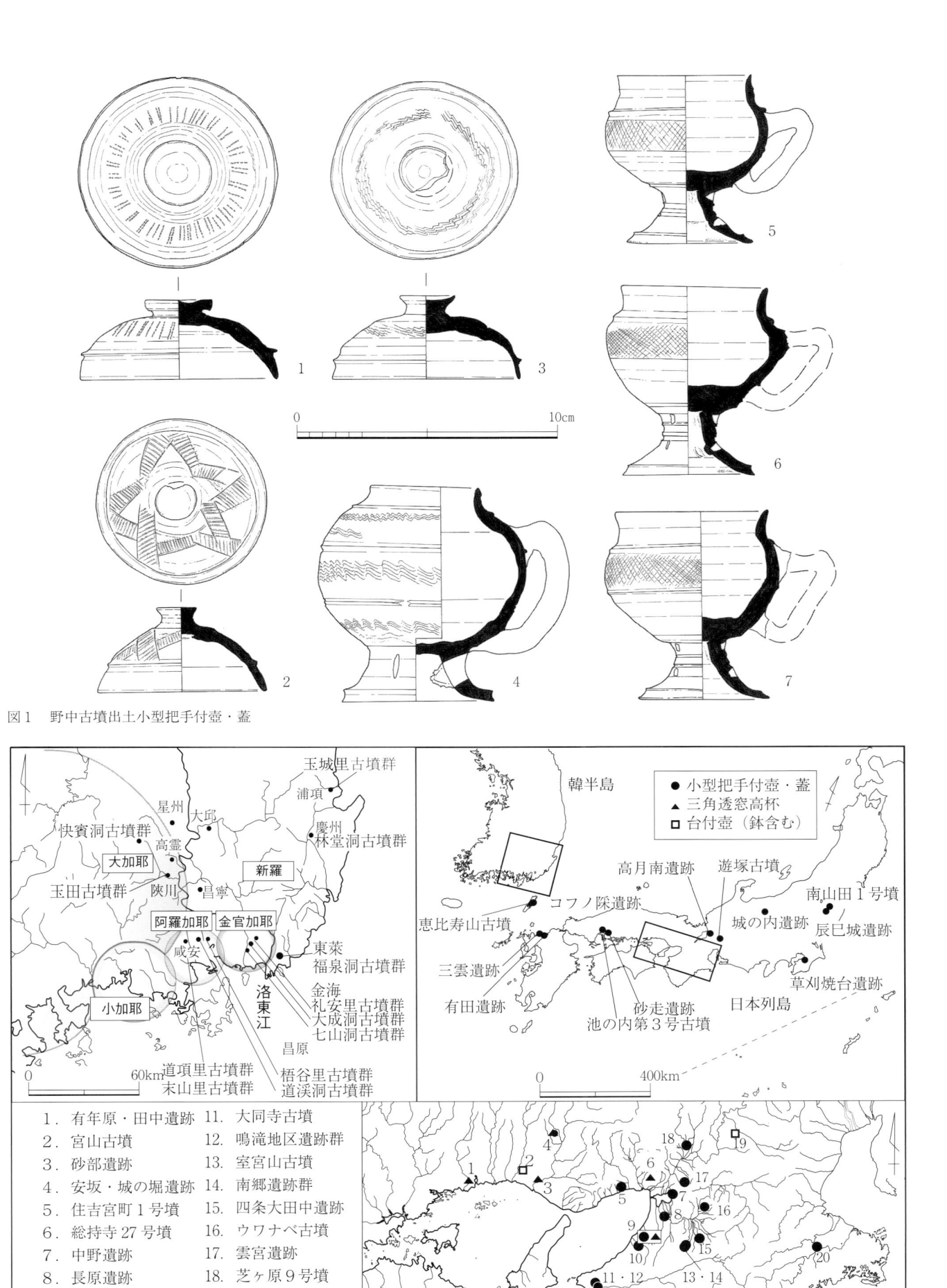

図2　小型把手付壺・蓋、三角透窓高杯、台付壺出土関連遺跡分布図

1．有年原・田中遺跡
2．宮山古墳
3．砂部遺跡
4．安坂・城の堀遺跡
5．住吉宮町1号墳
6．総持寺27号墳
7．中野遺跡
8．長原遺跡
9．大庭寺遺跡
10．持ノ木古墳
11．大同寺古墳
12．鳴滝地区遺跡群
13．室宮山古墳
14．南郷遺跡群
15．四条大田中遺跡
16．ウワナベ古墳
17．雲宮遺跡
18．芝ヶ原9号墳
19．辻遺跡
20．高瀬遺跡

土師器の二重口縁壺（報告書では屈折口縁壺）は、8破片確認でき、胎土の相違より最低2個体が見込まれる。同様の口縁部形状は須恵器にも認めることができ、土師器の器台片が存在しないことから、土師器の壺もまた須恵器の壺とともに須恵器の高杯形器台に載せられたと推測できる。

こうした意味において、元来、須恵器の器種である甑が、土師器に通有の焼成で製作されている点は注目に値する。土師器の甑は須恵器甑の広がりとともに各地で製作され、例外的に須恵器と共有された器種である[2]。

次にそれぞれの主な器種の特徴と類例を探り、野中古墳出土土器の系譜について検討しよう。

陶質土器小型蓋 小型把手付壺と伴って検出された小型蓋は、元来組み合わさるものではなく、セット関係に不具合が生じている（北野1976）。扁平な1は櫛歯列点文、ドーム形を呈する2は線刻によって星状に文様が、同形状の3は波状文が施されている（図1）。

これら蓋の最も大きな特徴は、口縁部と体部の境に位置する稜が突出せず、口縁部高が全体の器形に比して低い点である。こうした特徴を有する蓋は、韓半島咸安・道項里3号墳、道項里（文）21・23号墳、昌原・梧谷里8号墳、東萊・福泉洞39号墳、同53号墳、金海・七山洞33号墳など、咸安から金海、東萊の地域に類例が知られ、当地に系譜を求めることができる（図2）。櫛歯列点文も同地域の蓋に用いられる文様である。日本列島においても、岐阜県遊塚古墳、奈良県南郷遺跡群、大阪府長原遺跡、ON231号窯、和歌山県鳴神地区遺跡群などに類品があり、櫛歯列点文が多用される傾向にある。生産地に目を向けると陶邑窯より多く確認されているが、時期が新しくなるにつれ、櫛歯列点文から無文となる。したがって野中古墳例のように波状文、星状の文様を有する蓋は日韓両地域において希有である。星状文は神戸市住吉宮町1号墳の紡錘車に類似した手法により描いた文様が知られ、親近性がうかがえるが、今後、さらなる検討が必要である。

陶質土器小型把手付壺 小型把手付壺は、球形の胴部に波状文を施す4、斜格子文で胴部を飾るもの3個体（5〜7）からなる。6・7の把手は破損しており、検出状況からみて埋納時点では破損していた（北野1976）。

このような台付把手付壺の類例は、大型品を含め韓国南東部各地に出土例がある（新谷1993、趙榮齋2010）。この種の土器を（有蓋）臺附把手附小壺と呼ぶ趙榮齋氏は、把手形状、胴部文様、脚台装飾の組み合わせより分類し、胴部に斜格子文あるいは氏の言う幼虫文（櫛歯刺突文）、脚部に刺突によって透孔を設ける型式（IA式）を設定した。野中古墳例は、まさにこの型式に該当し、大型の類品としては東萊・福泉洞39号墳、昌原・梧谷里8号墳、浦項・玉城里가35号墳、慶山・林堂G6号共伴遺物を挙げることができる。韓半島では小型

表1　野中古墳出土土器の構成
陶質土器・初期須恵器

器種名	個体数	器種名	個体数
小型蓋	3	小型把手付壺	4
高杯	1+	台付壺	1+（8破片）
大型蓋	4	外反口縁壺	19
器台・高杯脚部	26+	二重口縁壺	5+

土師器

器種名	個体数	器種名	個体数
蓋	40	二重口縁壺	2+（8破片）
有蓋高杯	57+	甑	1
杯	1+	甕	6破片

報告書（北野1976）をもとに現在の知見を加えた。

品の場合、無文が多いが、器形の類似したものを挙げると金海・礼安里133号墳、昌原・道渓洞36号墳があり、斜格子文を有する例は東萊・福泉洞52号墳にある。

一方、波状文を有する4の類例は、大型のものを含めても日韓両地域に見出しがたい。波状文は、斜格子文・櫛歯列点文に後出し、丸みを帯びる胴部に施される傾向にあるが（趙榮齋2010）、洛東江下流域西岸（金海、咸安）、同東岸（東萊）のものは脚部に方形の透窓、洛東江上流域西岸（陜川・高靈）では脚部方形ないし三角形の透窓に蕨手把手を有するため、野中古墳例とは細部属性が異なっている。福泉洞22号墳例が最も類似する器形をもつが、脚台部が高く、胴部の比率が低いため、野中古墳例に先行するものである。日本列島より出土した把手付壺は大型品13例、小型品7例である（図2）。

陶質土器・須恵器　台付壺 完形に復元された器高22.0cmを測る台付壺は、スカート状の脚部に2段構成の三角形透窓を千鳥状に配置する。三角形透窓直下に稜線が3段めぐる点が特徴的である。類例としては、金海・大成洞1号墳、咸安・道項里（文）36号墳などがあるが、差異が大きく、脚部下部の段状稜線は高靈・快賓洞7号墳例と似るが、上部は異なる。日本列島内においては、大阪府大庭寺遺跡1−OL、兵庫県宮山古墳第3主体、滋賀県辻遺跡など口縁部がひらく台付鉢は例があるが、把手を有さない台付壺は類品がない。したがって、細部形状まで一致する個体は日韓両地域ともに見出しがたい資料である。

陶質土器・須恵器　高杯 墳頂部より三角透窓（無蓋）高杯の脚部が出土した。脚部径10.6cmを測る比較的小型の高杯であり、脚柱部は直立気味であるが、脚裾部にかけて広がる形状を有し、中位および脚端部に凸帯をめぐらせる。三角形透窓は、大阪府総持寺27号墳などに例があり、小加耶地域に特徴的な器種である（金奎運2010）。

土師器　有蓋高杯・蓋 古墳時代中期における近畿地域の土師器高杯は、基本的に須恵器と土師器で器形を共有すること

はない。しかし、野中古墳から出土した有蓋高杯は、①蓋を有すること、②口縁端部が内傾し、受部となることの２点において、須恵器の有蓋高杯と類似する。ただし、透窓および透孔がなく、稜をもたず、スカート状に広がる脚部を有する点は、須恵器の高杯には認められない。従って、土師器にも須恵器にも普遍的ではない特殊な高杯である（図３）。韓半島に目を向けると、日本列島同様に同一器形を見出だすことは難しい。玉田古墳群や快賓洞古墳群など、高霊・陜川地域にある墳墓にみられる軟質焼成の蓋杯に類似する点はあるが、当地域では脚部をもたないため、直接的な関係性を見出だすことはできないだろう。現段階では、特別な型式の供膳器であると考えたい。類例として、奈良県布留遺跡、伴堂東遺跡、和歌山県鳴神地区遺跡群があり、伴堂東例および鳴神例は蓋が確認でき、布留例のみ高杯とセットになる（図４）。

高杯脚部の接合方法に着目すると、杯部と脚部を別作りし、接合する方法、脚部から粘土を巻き上げ、杯部と一体に作る方法の２者があり、前者は陶質土器や須恵器と共通する手法であり20破片出土し、後者は土師器の製作技法である。後者

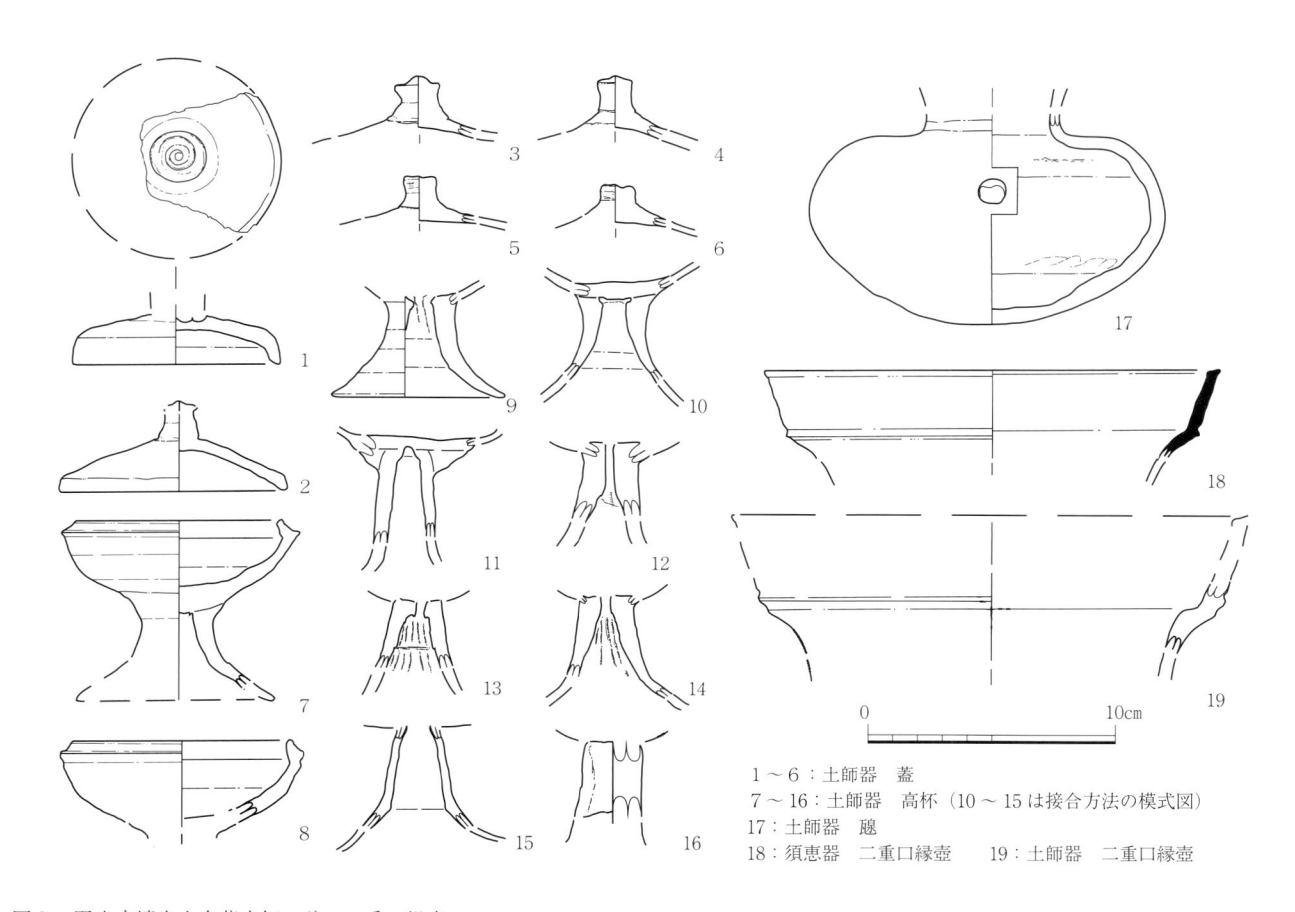

1～6：土師器　蓋
7～16：土師器　高杯（10～15は接合方法の模式図）
17：土師器　甑
18：須恵器　二重口縁壺　19：土師器　二重口縁壺

図３　野中古墳出土有蓋高杯・甑・二重口縁壺

凡例
● 土師器　蓋・高杯
■ 須恵器　二重口縁壺

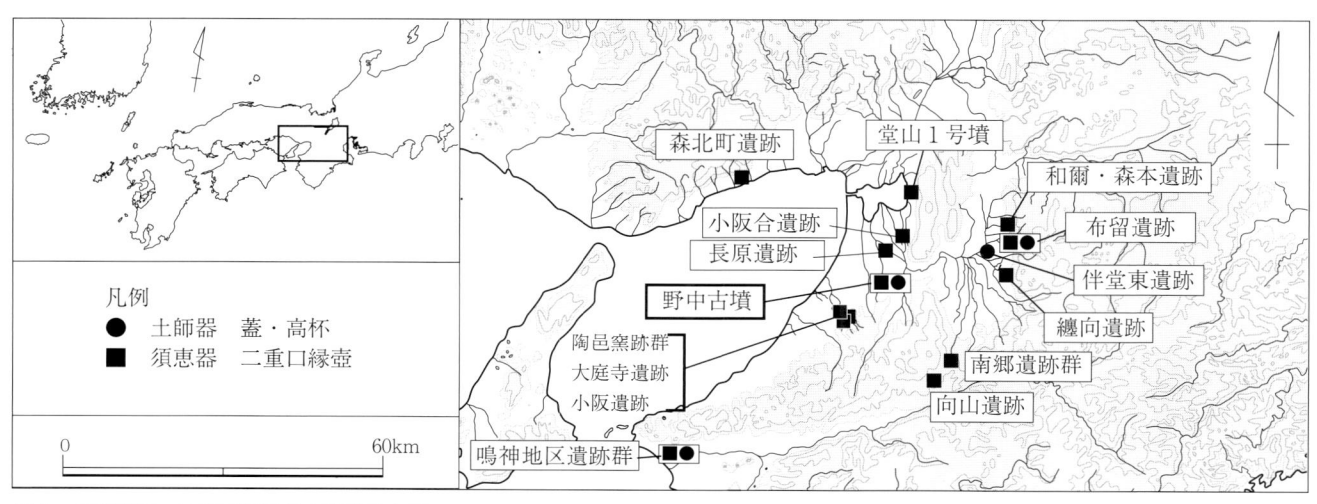

図４　有蓋高杯・二重口縁壺出土遺跡分布図

のうち、接合部に軸痕があるものは15破片、脚部が中実となるもの1破片、脚部内面に絞り痕が明瞭なもの17破片に細分でき、少なくとも3系統の手法が判明する。なお不明破片が5片ある。蓋のつまみ部も蓋部との接着を密にするために、同心円状の圧痕を有する個体とない個体があり、前者のつまみ部は宝珠形となり、こうした手法は陶質土器に由来するものである。すわなち、有蓋高杯・蓋は、陶質土器・須恵器と土師器それぞれの技術系統を有する製作者が関与したと考えられる。

土師器　甑　土師器の甑は、口縁部が欠損しているが、体部は比較的良好に残存している（図3）。体部はタマネギ形を呈し、底部は尖り気味となる。日本列島の初期須恵器甑は、底部形状が丸底から尖り底へと変遷するために、野中古墳例はちょうど尖り底の時期に比定でき、須恵器型式でいうTK216期にあたる。韓半島では南西部を中心に共有される器種である。

当該時期の須恵器甑は、岩手県中半入遺跡から鹿児島県南摺ヶ浜遺跡に至るまで広がり、それぞれの地域における土器製作技術を用いて模倣土器が製作される。野中古墳例も同様に広域に展開する模倣土器の一種とみることができるが、古墳上の祭祀で用いられたという点が特徴的である。

土師器・須恵器　二重口縁壺　土師器と須恵器の二重口縁壺は、山陰系土器の系譜上にある口縁部の形状である。この二重口縁壺は、山陰地域の弥生土器に系譜をひくが、実は初期須恵器の器形として採用され、近畿地域を中心に陶邑窯跡群では、TG232号窯、TG231号窯、濁り池窯、ON231号窯、TK85号窯に類例があり、大阪府長原遺跡、堂山1号墳、兵庫県森北町遺跡、奈良県布留遺跡、纒向遺跡、南郷遺跡群（極楽寺ヒビキ遺跡）、和爾・森本遺跡、向山遺跡に出土例がある（図3・4）。

以上の土師器有蓋高杯、二重口縁壺は、特殊な土器ではあるものの、近畿地域においては有力豪族膝下の集落遺跡を中心に例があることは興味深い。

3　器台の特徴と文様

サイズと器形　野中古墳の器台は、細片が多く、器形の復元は難しい。ただし、限られた破片資料から復元した平均値は口縁部径30cm、底部径は24cm、接合部径10cmであり、器高は24.5cmに復元できる個体がある。陶質土器および須恵器の一般的な器台は、口縁部径40cm、底部径は32〜36cm、接合部径15〜18cmを測るので（森本2010）、野中古墳器台は総じて中・小型に属するものであり、日韓両地域で少数派であるといえよう。この点は、壺のサイズも同様である。

透窓の形状は、方形と三角形の両者が確認できるが、後者がより主体的である（北野1976）。特徴的な器台としては底部径17cmを測る小型の器台脚部に方形の透窓を交互に配したものがあり、韓半島南東部に系譜が求められるが、当地に比して透窓数が多い傾向にあり、製作地の特定は難しい。

文様の種類　野中古墳の器台には、波状文、鋸歯文、斜格文、組紐文、櫛歯列点文、円管文の6種類の文様が認められる（図6）。波状文、組紐文、櫛歯列点文は先端が櫛歯状の工具を使用し、鋸歯文、斜格文は先端が鋭利な箆状工具を用いて描く文様である。コンパス状の工具を利用したコンパス文などは存在しない。文様の主体は波状文（1863片）であり、次に鋸歯文（86片）、組紐文（74片）、斜格文（24片）と続くが、この3種の文様を有する破片にも波状文が施されている（北野1976）。なお、円管文はこの文様のみによって復元できる高杯形器台が1個体復元されており、5破片という少なさを勘案すると、この1個体のみであると考えられる。以下、各文様について詳述したい。

波状文　器体の回転にあわせ、櫛歯状工具を上下することによって描き出される文様であり、陶質土器に由来を持ち、須恵器の最も一般的な文様となる。須恵器の波状文は大局的にみて、左上がりから右上がりの波へと変化する。この変化は第一に省力化によるところが大きいが、陶質土器および初期須恵器は、精巧さを重視するために手持ちで丁寧に幾重にも波状文を描く。野中古墳の波状文は、左上がりの波状文に加え、中央に波のピークがくる波状文、右上がりの波状文がある。

鋸歯文　鋭利な箆状工具を用いて、2本の線によって三角形を描き、内部を直線や斜線によって埋める文様である。野中古墳例は、まず左上から右下に斜線を描き続け、次に交差する斜線を引き文様を描く。

鋸歯文は関川尚功氏によって7種に分類されている（関川1984）。氏の分類によると、野中古墳例は三角形を左下がりの斜線で埋めるIB類、文様帯内すべてを斜線で埋めるII類に位置付けられる。ただし、細片中にはIA類も存在する。

斜格文　野中古墳の斜格文は、まず左上から右下に直線を描き続け、次に右上から左下に直線を交差することによって仕上げる文様である。韓半島南東部各地の器台に採用され、日本列島では初期須恵器に類品があるが希少である。

組紐文　縄絡文とも呼ばれる櫛歯状工具を用いた文様であり、施文手法には3種ある。すなわち、櫛歯状工具を波状に上下した施文を1単位とし、描き連ねる技法（連接技法）、さらに施文単位を分割し、上下に櫛描する技法（分割技法）、器面を1周する波状文を交差させる技法（交差技法）である。野中古墳例はすべて分割技法である。交差技法については本稿では扱わないが日韓両地域ともに採用される文様であり、存続時期も連接技法、分割技法に比して長い。

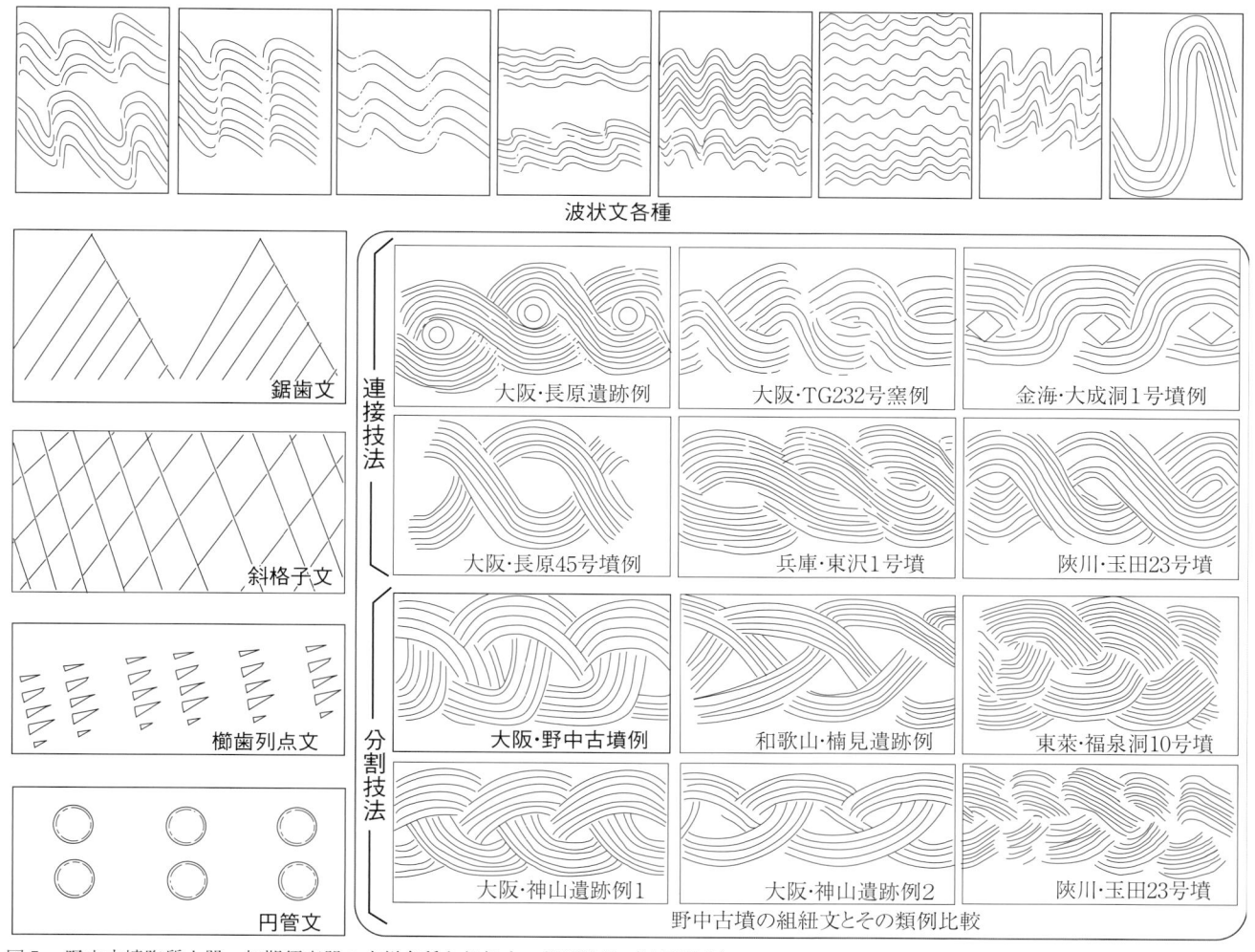

図5 野中古墳陶質土器・初期須恵器の文様各種と組紐文の類例比較（縮尺任意）

櫛歯列点文 器面に櫛歯状工具を等間隔に押し付けて施文する文様であり、46破片が確認できる。この櫛歯列点文は、高杯形器台杯部下方に主に施文される傾向にある。野中古墳例は、器面に押し当てるように丁寧になされたものではなく、粗雑な印象を受ける。奈良県ウワナベ古墳器台に類例がある。

円管文 細い竹管と推定できる工具を等間隔に押しつけ、文様とする。円管文のみによって飾られる器台は、日韓両地域において現段階では野中古墳1例のみである。福岡県塚堂遺跡出土甕のほか、他種文様と組み合わせて施文された例としては和歌山県楠見遺跡器台、岡山県酒津遺跡器台破片、兵庫県東沢1号墳などが挙げられる。

以上、器台の破片を通観すると、韓半島南東部の陶質土器との共通性が高い一方、彼地において存在しない、あるいは少数派の文様（鋸歯文の一部、円管文のみ）も存在することがうかがえる。そこで次に野中古墳の時期を推定した上で、こうした特殊な土器の生産について考えてみよう。

4 野中古墳出土土器の時期と系譜

帰属時期の問題 野中古墳出土土器の時期比定を議論するために、まず現在の須恵器生産に関する編年研究の前提についてまとめておきたい。初期須恵器は、陶質土器と酷似したものから変容が進み、日本列島特有の須恵器へ定型化が進むという方向性で捉えられてきた（田辺1981、岡戸編1995、田中2002、植野2002）。一方、酒井清治氏は、TK73期からTK216期にかけて、新たに韓半島南西部を由来する新たな陶工の参入を推定する（酒井1994・2004）。ただ、TG232号窯、ON231号窯などにもすでに韓半島南西部に由来する土器は散見されるため（田中2002）、韓半島南部各地に由来する陶工を招来し、取捨選択のなかで須恵器の創出がなされたという見方が現況の資料状況に適している。

この変遷観において野中古墳出土土器は、どの須恵器型式期に比定できるだろうか。第一に、小型把手付壺および蓋、三角形透窓高杯、器台多透窓脚部、斜格子文や組紐文といった文様は、陶質土器あるいは最初期の須恵器、すなわち

TG232期に比定する見解もあろう。しかし、斜格子文を有する小型把手付壺は、5世紀初頭前後から前葉を中心とするTG232期からTK73期に併行すると考えられ、波状文の個体はそれと同時期ないし後出する可能性がある。また、三角透窓高杯は、従来の編年観ではTG232期に位置付けられるが、総持寺27号墳例をふまえると、TK73期まで含めて製作されたと推察でき、幅を持たせて時期の比定ができよう。

文様に着目すれば、波状文に右上がりのものが含まれている点が意味をもつ。陶邑窯では、TK73期新段階までは基本的に左上がり波状文であるが、右上がりの波状文がTK216期に顕在化する。野中古墳例はその過渡的な様相を示す。

次に組紐文を取り上げると、連接技法から分割技法への変化が、韓半島と日本列島において歩調を合わせる可能性がある。日本列島ではTG232号窯例、一須賀2号窯例、長原遺跡例、長原45号墳例、南郷遺跡例、滋賀県堂田遺跡例、長瀬高浜遺跡例に連接技法の組紐文があり、TG232期からTK73期古段階に比定できる一方、分割技法は岡山県奥ヶ谷窯、楠見遺跡、神山遺跡、奈良県中町西遺跡に類例があり、共伴土器よりTK73期新段階からTK216期を主とする[3]。他方、韓半島で分割技法が出現する時期は福泉洞10・11号墳、同53号墳、福泉洞鶴巣台古墳1区1号墳、玉田23号墳であり、日韓の併行関係に鑑みれば（白井2003）、TK73期に採用された文様であるといえる。玉田23号墳は、連接組紐文と分割組紐文の両者が共伴し、過渡期的様相を示す。福泉洞53号墳例は、福泉洞10・11号墳に後出する可能性があり、幅をもたせてみることもできよう。

加えて、TK73期新段階の良好な初期須恵器を出土した長原45号墳は連接技法の組紐文が2例認められる一方、野中古墳例は分割技法のみとなるため、野中古墳例は長原45号墳に後出するとみたほうが妥当である。斜格子文に関しては日本列島内でみた場合、TG232期に位置付けることが妥当であるようにも思われるが、韓半島では比較的長期間採用される文様であり、また野中古墳例は格子目の幅が広くTG232期に後出する要素をもつ。鋸歯文の時期から検討しても、野中古墳の時期はTK73期からTK216期でおさえることができる。また、須恵器壺に格子タタキ目や縄文タタキ目ではなく、平行タタキ目が多くみられることもこの比定を支持する情報である。

最後に土師器の時期についてふれておくと、土師器甕は胴部形状より須恵器の型式に比定できるならば、TK216期となり、また有蓋高杯は類例が少ないながらも共伴土器の情報を参照すると、TK216期からTK208期に位置付けられる。

以上の点を踏まえると、もちろん伝世の有無、複数回による土器生産も考慮しなければならないが、野中古墳出土土器は必ずしもTG232期に位置付ける必要性はなく、陶質土器を含めTK73期新段階からTK216期に比定できる。小型把手付壺・蓋、三角形透窓高杯、器台多透窓脚部は古い様相を呈し、陶質土器・初期須恵器の壺および器台の一部、土師器はTK216期に近い特徴をそなえると考えたい。

系譜上の問題　韓半島においては小地域によって陶質土器の地域差が著しく、また墳墓の埋葬施設内に土器が供献されるという特徴を有する。それゆえ、野中古墳出土土器の系譜をたどることは、韓半島各地のエリート層との交渉を考える上で大きな手掛かりとなる。

これまでの論述より野中古墳の土器は、①韓半島南東部洛東江流域に類例が多い点、②日本列島独自の土器が認められる点が明らかとなってきた。次の課題として、陶質土器は一元的に入手されたのかどうかといった点、列島独自の土器はどのように生産されたのかという点を吟味したい。

まず、野中古墳出土土器の系譜は洛東江流域各地に求められる。それゆえ、一元的な入手経路は成り立ちがたい。しかし、東莱・福泉洞古墳群など韓半島南東部各地における土器を出土した墳墓の存在が明らかとなっているために、こうした墳墓の築造主体を通して舶来の土器が野中古墳に供された可能性も想定はできる。とはいえ、同時期の福泉洞古墳群で主体となる新羅系高杯は、野中古墳では確認できず、在来の選択性が働いているとみた方がよいことから、この可能性を積極的に評価することはできない。むしろ、今の議論において韓半島各地を結ぶ多元的な交渉のネットワークの存在は重要である（高田2012）。野中古墳の被葬者ないし築造に関与した集団が多元的な交渉にあたったと考えることができよう。

次に生産地の問題に関しては、小型把手付壺・蓋の一部など、陶質土器である蓋然性が高い土器が存在する一方、台付壺、三角透窓高杯、壺、器台は陶質土器と初期須恵器の峻別が難しい。新出資料も踏まえた胎土分析によって再検討の必要を感じるところであるが、韓半島にも日本列島の須恵器窯にも類例がない野中古墳独自の土器が存在する点から、小型把手付壺・蓋の舶来品に加えて、韓半島の陶工、日本列島の須恵器工人、土師器工人がともに参画した特殊な土器生産を想定した方がよいかもしれない。小型把手付壺・蓋に関しても波状文を有する個体や星状文は韓半島に現段階において類品がなく、独自の生産を想定した方がよいだろう。したがって、洛東江流域の窯で焼成された舶来土器に加え、韓半島南東部各地の陶工を動員して、彼地で製作した場合と、日本列島へ新たに招来し陶邑等の陶工とともに製作した場合を想定する必要が生じる。

ここで、土師器有蓋高杯・蓋の製作に、陶質土器・初期須恵器、土師器双方の技法が看取でき、複数の技術系統をもつ製作者の存在が考えられる事実は、興味深い。従来の須恵器研究では重要視されてこなかったが、古墳供献のための須恵

器生産に限っていえば、洛東江流域に系譜をもつ陶工の二次的、三次的招来を想定する必要性があるといえよう。

5　野中古墳出土土器の意義

野中古墳より出土した陶質土器・初期須恵器、土師器について、いくつかの器種を取り上げて論述した。その結果、次の点がおぼろげながら明らかとなってきた。

第1に、野中古墳出土土器は洛東江流域各地に系譜が求められるものであり、多元的な交渉を反映している蓋然性が高いというものである。第2、韓半島南部より新たな陶工の招来も含め、野中古墳供献を目的とした特殊な土器生産の可能性を指摘した。

以上2点が認められるのであれば、野中古墳の被葬者像あるいは築造に関与した集団の性格は、どのように描けるだろうか。

まず、東アジア情勢が緊迫する中、貴重な鉄資源の供給元である韓半島各地のエリート層との交渉は、中央政権の運営にとって必要不可欠な職務となったことは想像に難くない。これに加えて、新規の土器生産に一定の影響力を有していた可能性も重要であり、前代に比して人的交流を介した技術導入に力点がおかれる5世紀代の対外交流の在り方を考慮すると、野中古墳はまさにそれを主導する役割を果たしたのではないだろうか。

武器武具に象徴される軍事に加え、対外交渉、産業殖産に力を注ぐ中央政権を支えた人物像が野中古墳の被葬者として浮かび上がってくるのである。この意味において、中央政権を構成したエリート層の地盤となる集落遺跡に野中古墳と共通する土器が認められる点は、さらなる意義を持ちうるように思われるが、この論点についてはさらなる検討を重ねることで解を求めたい。

謝辞　本稿を成すにあたっては、資料収集・製図に仲辻慧大氏、上地舞氏、竹内裕貴氏、桐井理揮氏、佐伯郁乃氏の惜しみない協力があったことを明記し、深謝したい。鈴木一有氏、田中清美氏、寺前直人氏、朴天秀氏、趙晟元氏には数々のご教示を受けた。記して感謝申し上げたい。

註
(1) 報告書（北野1976）においては、土師器高杯には有蓋高杯および無蓋高杯が出土しているとの記載があるが、検討の結果、無蓋高杯は認められなかった。
(2) 報告書で分類された外反口縁壺2類のなかに須恵器甕の口縁になる可能性がある個体が含まれている。須恵器甕が存在したことも考慮に入れる必要がある。
(3) 以上の他にも、奈良県布留遺跡、曽我遺跡、出雲国府下層遺跡に連接ないし分割技法による組紐文があるが、判別するに至っていない。奥ヶ谷窯はTG232期に比定されてきたが、時期比定の再検討も必要となろう。なお、組紐文についても関川氏による先駆的な分類案が示されている（関川1984）。

参考文献
植野浩三2002「TK73型式の再評価―高杯の消長を中心にして―」『田辺昭三先生古稀記念論文集』田辺先生古稀記念の会

岡戸哲紀編1995『大庭寺遺跡』Ⅳ　大阪府教育委員会・大阪府埋蔵文化財協会

北野耕平1976『河内野中古墳の研究』大阪大学文学部国史研究室

金奎運2010「5～6世紀　小加耶様式土器設定」『韓国考古學報』第76輯　韓国考古學會

酒井清治1994「わが国における須恵器生産の開始について」『国立歴史民俗博物館研究報告』第57集　国立歴史民俗博物館

酒井清治2004「須恵器生産のはじまり」『国立歴史民俗博物館研究報告』第110集　国立歴史民俗博物館

定森秀夫1994「陶質土器からみた近畿と朝鮮」『古代王権と交流　ヤマト王権と交流の諸相』名著出版

申敬澈2000「金官加耶　土器의編年」『伽耶考古學論叢』3　駕洛國史蹟開発研究院

白井克也2003「馬具と短甲による日韓交差編年―日韓古墳編年の平行関係と暦年代―」『土曜考古』第27号　土曜考古学研究会

新谷武夫1993「台付把手壺考」『考古論集―潮見浩先生退官記念論文集―』潮見浩先生退官記念事業会編

関川尚功1984「奈良県下出土の初期須恵器」『橿原考古学研究所紀要　考古学論攷』奈良県立橿原考古学研究所

高田貫太2012「朝鮮三国時代と古墳時代の接点」『季刊 考古学』第117号　雄山閣

田中清美2002「須恵器定型化への過程」『田辺昭三先生古稀記念論文集』田辺先生古稀記念の会

田辺昭三1966『陶邑古窯址群』平安学園考古学クラブ

田辺昭三1981『須恵器大成』角川書店

趙榮齋2010「(有蓋) 臺附把手附小壺考」『韓国考古學報』第76輯　韓国考古學會

朴天秀2010『加耶土器　가야의 역사와 문화』진인진

森本　徹2010「初期須恵器器台の系譜」『研究調査報告』第7集　大阪府文化財センター

野中古墳の形象埴輪

橘　泉

はじめに

　野中古墳が発掘された当時、埴輪の研究は、副葬品などの研究と比して進んでいるとは言えない状況であった。特に形象埴輪については、美術的観点からの検討が主流であった中で、埴輪の検討に多くを割いた北野耕平の着眼点は先見性の高いものといえる（北野1976）。
　しかしながら、野中古墳の調査が行われた1960年代よりも埴輪の資料数は大幅に増加し、研究も編年研究から埴輪祭祀を復元する考察まで様々なものが行われている。藤井寺市による野中古墳の調査もなされており（藤井寺市教委1991・1997）、野中古墳自体の形象埴輪は再検討すべき点が生じている。よって、本論考では野中古墳出土の形象埴輪を概観し、その意義について考察したい。

1　出土状況

　まず、野中古墳における埴輪の出土状況を整理しておく。円筒埴輪が墳丘裾から出土しており、普通円筒埴輪と朝顔形埴輪が3対1の割合で並べられていたようである。これらの円筒埴輪列とは少し離れて、墳丘東側斜面と推定される位置に円筒埴輪が一本樹立している。この円筒埴輪の内部からは、本個体の破片とともに、後述するが、底に近い部分から細長い円筒状の埴輪が出土している。墳頂部では円筒埴輪列は確認されていないが、墳頂出土資料中に円筒埴輪片が混じることから、墳頂にも円筒埴輪を樹立していたと考えられる。
　一方、墳頂部においては、形象埴輪の出土も確認されている。墳頂部のほぼ中央からは、囲形埴輪が一括して出土している。また、冑形埴輪や靫形埴輪は、墳丘南側裾から出土しており、墳頂部に配置されていたものが転落した可能性が指摘されている。

2　資料の概要

　1976年に『河内野中古墳の研究』（以下、北野報告）が刊行された。この中でも形象埴輪について詳述されているが、未報告の埴輪片も存在するため、以下で再検討した結果を述べる。

（1）蓋形埴輪
　北野報告では、立飾部と笠部が16破片存在し、同一個体であるとされている。大阪大学調査時に出土したものを再確認すると、全部で21片が存在する。そのうち、立飾部が5点、笠部が16点である。笠部の線刻の幅から、少なくとも2個体は存在すると考えられる。立飾部は両面に線刻が施されており、方形の抉りが入る形となっている。頂辺は弧状となり、外側の上部鰭と下部鰭の幅は狭い。野中古墳と類似する立飾部を有する蓋形埴輪の類例は多く、大阪府黒姫山古墳、大阪府土師の里遺跡、大阪府栗塚古墳でみられる。なお、藤井寺市教育委員会による調査で出土した蓋形埴輪では、立飾部の下部が良好に残存している。
　軸受部は軸部の高さ12.8cm、口縁部径17.4cmをはかる。外面にハケによる調整を施している。軸受口縁端部と軸受部下端に扁平な突帯を貼り付ける。笠部は中位突帯から笠端部まで残存する。笠部径は52cmをはかる。中位突帯より下部で一条の線刻を巡らし、上下二段に分ける。上段には残存の限りでは線刻が認められないが、下段には三条一組の線刻が確認できる。笠部端部には、扁平な突帯がつく。このような特徴を持つ笠部は奈良県神明野古墳、奈良県平城宮SX7800、京都府上人ヶ平16号墳にみられる。笠部に付けられることのある肋木と考えられる破片はみられない。笠部にも剥離した痕跡は確認できないため、肋木の付かないタイプのものであったといえる。笠部、軸受部には赤彩が良好に残っている。野中古墳出土の蓋形埴輪は、線刻ではあるが笠部の布張り表現やプロポーションからは蓋形埴輪の初現的形態を受け継ぐが、笠部中位突帯の貼り付けや立飾部の形態には新しい要素を含んでいるといえる。

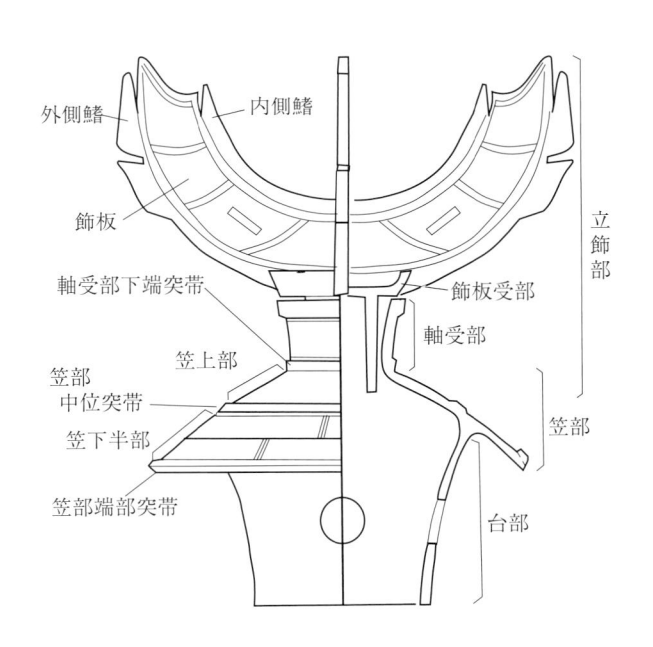

図1　蓋形埴輪　復元模式図

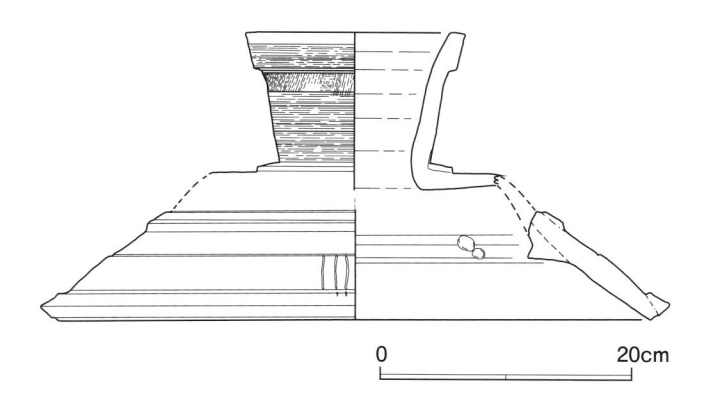

図2　蓋形埴輪　実測図

　さらに、東側で唯一出土している円筒埴輪内部から小型円筒形土製品が出土している。北野報告では馬脚状埴輪とされているものである。しかしながら、円筒埴輪内からの1点のみの出土であること、調整が丁寧になされていないことを鑑みると、馬脚とするよりは、蓋形埴輪の軸と考えるのが妥当ではないかと思われる[1]。

(2) 囲形埴輪

　北野報告では、2片の実測図が掲載されている。破片下部の半円形刳込みを一辺の中央と仮定して、およそ32cm×23cmの大きさを想定されており、その性格を「稲城」を表した埴輪の可能性があるとしている。資料整理の結果、大阪大学調査時に出土したものが12片存在する。また、藤井寺市教育委員会で所蔵されているものがあり、大阪大学所蔵の囲形埴輪とは三角形突起下の線刻の有無が異なるため、少なくとも野中古墳には2個体の囲形埴輪があったと考えられる。

　大阪大学における調査で最も残存状態の良い個体が、北野報告にも掲載されている隅部の破片であり、高さ20.7cmをはかる。透孔の位置を計測すると、一辺はコーナー部から12cmの位置に穿孔し、もう一辺は7cmの位置に穿孔する。隅から穿孔までが離れている側面をA面とし、他方をB面とする。A面は幅15cmで上部まで良好に残存しており、三個の三角形突起がみられる。三角形突起の下には二条の細い突帯がつけられる。最下部には半円形の透孔が開けられ、上部の二条突帯よりも突出度の高い突帯が一条つけられる。透孔の穿孔については、A面は突帯下部にも割り込みが及んでいるため、突帯貼り付け後に透孔を穿孔していることがわかる。B面については、透孔の穿孔が二度に分けて行われたと考えられ、A面同様突帯貼り付け後に透孔を穿孔している。A面・B面ともに外面は丁寧に仕上げられているが、A面内面には一部に粘土接合痕が残る。

　資料整理の結果、北野報告で取り上げていたもう一点の囲形埴輪も他の未報告の破片と接合することが判明した。これらの破片は、高さ20cm、幅15.4cmに復元される。囲形埴輪の入り口部に相当し、北野氏が考えられた通り、戸口の表現となることが確認された。戸口は高さ15cm以上、幅6cm以上の方形透孔で表現されている。戸口の内側には、外側からみて右側に直径2.5cmほどの窪みが穿たれており、扉の軸を受ける窪みであると考えられる。この扉は内開きの片開戸であったことがわかる。この窪みに対応するように、窪みの上方に当たる戸口右側の壁には、円形に剥離した痕跡がみられる。扉軸を受ける上部の軸受（いわゆる藁座）が剥離した可能性が高い。

　家形埴輪、囲形埴輪を合わせても、扉表現のあるものは類例が少ない。囲形埴輪で良好なものは、大阪府百舌鳥御廟山古墳の資料である。家形埴輪には扉表現をするものが数点存在し、把手付の扉板をはめ込むものが大阪府長原84号墳、群

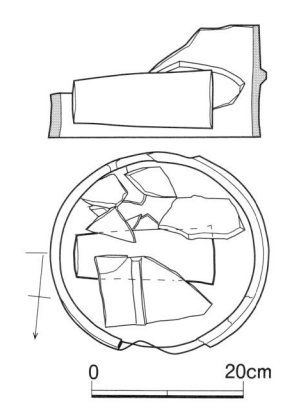

図3　小型円筒形土製品の出土状況

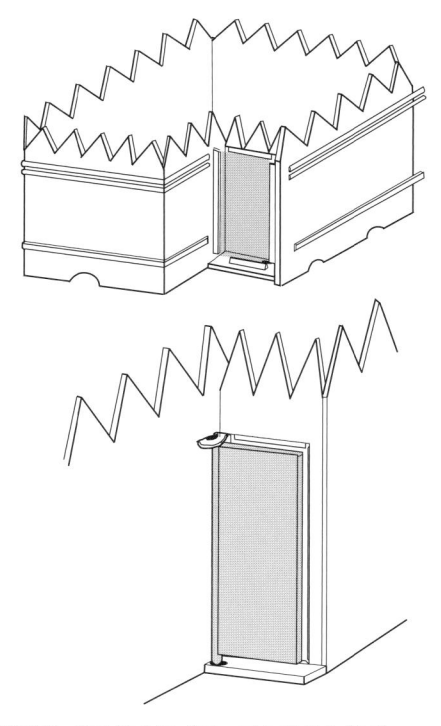

図4　囲形埴輪　復元模式図（下：扉内部想定復元）

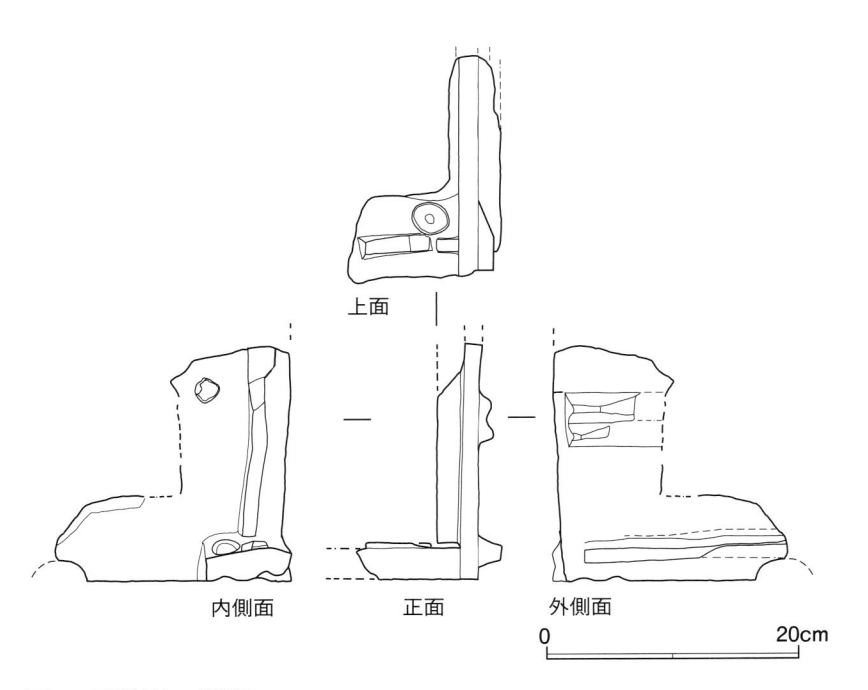

図5　囲形埴輪　実測図

図6　靫形埴輪　復元模式図

馬県赤堀茶臼山古墳で、板扉を内開きに取り付けるものが神奈川県登山古墳、埼玉県山崎山で、入り口部の内側下辺に扉の軸受円環を取り付けるものが大阪府美園1号墳でそれぞれ出土している。野中古墳出土囲形埴輪の入り口表現と形態的に類似するものは、百舌鳥御廟山古墳出土のものと美園1号墳出土のものである。

百舌鳥御廟山古墳出土囲形埴輪は入り口部に長方形の透孔をあけ、その内側の敷居部に窪みを穿つ。これに対応すると考えられる扉も出土しており、扉下部には窪みにはまると考えられる突起がついている。一方、野中古墳出土の埴輪には扉になる可能性がある破片が1点出土しているが、囲形埴輪の透孔の大きさと対応しないため、少なくとも上記の囲形埴輪の扉ではないと思われる[2]。なお、北野報告のなかで棒状埴輪片と記述されている中実の破片が存在する。この埴輪片は報告時には馬脚状埴輪との関係から動物埴輪の尻尾と解釈されているが、囲形埴輪の窪み（軸受）に一致する大きさである。そのため、動物形埴輪の破片ではなく、囲形埴輪の扉軸部の一部と考えることも可能である。ただ、そうだとすると現状では軸のみになり、どのような扉構造をしていたのか不明である。今後の類品の増加を待ちたい。

(3) 靫形埴輪

北野報告において報告済みのもので、靫形埴輪上部の破片である。表面は板状の表現を呈しており、裏面には円筒部の一部が確認できる。鏃の上部が線刻で描かれており、鏃形式としては三角関がつく鳥舌鏃である。北野報告の実測図では明瞭に表現されていないものの、鏃先端部の描線は交わらず、いずれも数mmの隙間があいている。鏃の表現として、やや粗雑になっているものと言える。鏃線刻の下部には二点の粘土の付着による突起を有しており、箱状のものが剥離した痕跡であると考えられる。靫の文様であるが、鏃上部に梯子文を横方向に施し、その両端から下部がすぼまる形で梯子文が続いて描かれる。また、上部隅には扇形に梯子状文をほどこす。裏面は円筒埴輪に接合されるが、支えとして三角形状の粘土板を挟んでいる。

(4) 冑形埴輪

北野報告において報告済みのもので、高さ5cm、幅10cmをはかる冑形埴輪の錣部である。下端部には梯子状の線刻を有している。上部に剥離した痕跡がみられることから、冑形埴輪の製作時に、錣部のみ後付したものが剥離したと考えられる。冑形埴輪の本体は見つかっていない。梯子状文様の上部に一条の沈線がめぐり、正面端部には二条の沈線が縦方向

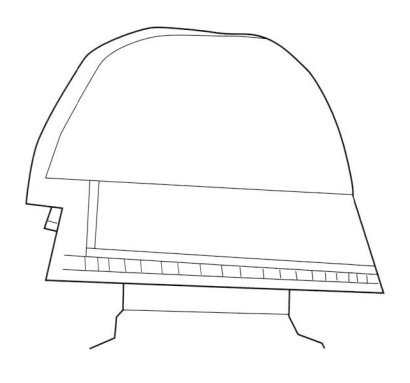

図7　冑形埴輪　復元模式図

に線刻される。この冑形埴輪が衝角付冑となるか眉庇付冑となるかは判然としないが、梯子状線刻を持つものに衝角付冑が多いことから野中古墳例も衝角付冑を模した可能性が考えられる。

3　まとめ

　以上の点から、野中古墳出土形象埴輪の編年的位置付けを確認するとともに、野中古墳に近接する古墳の資料を含めて野中古墳の形象埴輪の意義について考察する。

　野中古墳の時期については、各遺物に与えられる年代の齟齬から今なお多くの議論がかわされており、決着がついていない状況である。この中で、形象埴輪から考えられる相対的な年代を検討する。形象埴輪のなかで編年的位置付けが検討しやすい蓋形埴輪と靫形埴輪をみてみると、蓋形埴輪では小栗明彦氏の検討（小栗2007）が参考になる。野中古墳の蓋形埴輪は前述のとおり、笠部端部に突帯がつき、二段に分けられた笠下半部に三本一組の縦線刻が入る。この笠部端部の突帯は、野中宮山古墳や誉田御廟山古墳では沈線で現されており、野中古墳のような例は端部突帯の初現であるといえる。また、立飾り部の形態や文様に関しても、笠部下端突帯の事例と共伴することの多い組み合わせであり、蓋形埴輪全体での齟齬はみられない。これらの特徴は、上人ヶ平16号墳出土蓋形埴輪と共通するものであり、埴輪検討会編年のⅣ期2段階頃に相当すると考えられる。

　次に靫形埴輪では、鏃の描かれた位置をみると、飾板と同一平面状に描かれている。このようなものは、古墳時代中期後葉において増加した後、急速に衰退すると指摘されている（松木1988）。描かれた鏃の形をみると、野中古墳の靫形埴輪には先述したように関部を有する鳥舌鏃が描かれているが、同様の鏃線刻は羽曳野市茶山1号墳でも描かれる。野中古墳の鏃は茶山1号墳例よりも鏃の先端部を表現する線刻が接することなく、より間隔がひらくなど丁寧さが失われている。鏃の位置をみると茶山1号墳の靫形埴輪は鏃の位置が筒部にくるもので、野中古墳の靫形埴輪よりも古相を示すと考えられ、鏃の描き方とも矛盾しない。

　よって、野中古墳の時期は円筒埴輪の検討会編年（埴輪検討会2003）ではⅣ期2段階、須恵器の編年（田辺1981）ではTK216期に相当し、およそ5世紀中葉ごろとなる。

　野中古墳出土の形象埴輪は、藤井寺市教育委員会調査分を含めると、蓋形埴輪、囲形埴輪、冑形埴輪、靫形埴輪、水鳥形埴輪、馬形埴輪、盾形埴輪などがあり、一辺37mほどの中規模の方墳であるにもかかわらず、多種の埴輪が並べられていたことがわかる。

　古市古墳群内でも野中古墳に近接する墓山古墳、向墓山古墳、浄元寺山古墳、西墓山古墳をみてみると、墳長225mの墓山古墳では蓋形埴輪、盾形埴輪、冑形埴輪、靫形埴輪、盾持人埴輪顔面、襟付短甲形埴輪が出土している。また、1辺62mの方墳である向墓山古墳では家形埴輪、蓋形埴輪、盾形埴輪、水鳥形埴輪が出土しており、1辺67mの方墳である浄元寺山古墳においても若干の形象埴輪が出土している。さらに1辺20mの方墳である西墓山古墳では草摺形埴輪、家形埴輪、囲形埴輪、蓋形埴輪、動物形埴輪が出土している。

　これらの出土器種をみてみると、野中古墳、西墓山古墳ともに小・中規模方墳でありながら出土している形象埴輪は、墓山古墳同様、多岐にわたっている。特に、野中古墳出土の戸口表現のついた囲形埴輪は類例が少ないものであり、百舌鳥御廟山古墳との類似から百舌鳥古墳群との関係性も視野に収める必要がある。

　本稿は、資料の概要を示した上で、野中古墳の形象埴輪から年代的な位置付けを示した。これらの埴輪は、古市古墳群内だけではなく、百舌鳥古墳群とも比較して埴輪生産を探る資料になるため、今後もさらに詳細な検討が必要である。

註
（1）小型円筒形土製品の底面は砂が多く含まれており、地面に接した状態で作られたと考えられる。また、一部に赤彩が付着する。底面が広く広がっており、これが動物脚の表現であるならば、馬脚である可能性も捨てきれない。
（2）長さ10.2cm、幅7.5cmをはかる板状の破片であり、家形埴輪の扉の可能性もあるが、何を模したものであるかは断定しがたい。

参考文献
小栗明彦2007「蓋形埴輪編年論」『埴輪論考Ⅰ―円筒埴輪を読み解く―大阪大谷大学博物館報告書第53冊』大阪大谷大学博物館
北野耕平1976『河内野中古墳の研究』（1979再版、臨川書店）
京都大学文学部1968『京都大学文学部博物館考古学資料目録』第2部日本歴史時代
田辺昭三1981『須恵器大成』角川書店
埴輪検討会2003『埴輪論叢』第4号
藤井寺市教育委員会1991『石川流域遺跡群発掘調査報告Ⅵ　藤井寺市文化財報告第7集』
藤井寺市教育委員会1997『西墓山古墳―古市古墳群の調査研究報告Ⅲ―藤井寺市文化財報告第16集』
松木武彦1988「畿内における靫形埴輪の変遷―埴輪に描かれた鏃と実物の鏃―」『待兼山遺跡Ⅱ』大阪大学埋蔵文化財調査委員会

挿図出典
図1　筆者作成、図2　筆者実測・トレース、図3　（北野1976）を再トレース、図4　筆者作成、図5　筆者実測・トレース、図6・7　筆者作成

古市・百舌鳥古墳群の被葬者像

高橋 照彦

　古市・百舌鳥古墳群の巨大古墳やそれを取り巻くような中小の古墳には、誰が葬られたのか。それは誰もが抱く素朴な疑問であろう。しかし、被葬者名を示す墓誌などが出土していない現状において、考古学では残念ながら解明が難しい。そのため、考古学的に扱いうるテーマの議論を尽くすのが先決であろうが、あえて以下では、被葬者像の炙り出しができないかを探ることにする。

1　大型墳の被葬者像

　古市・百舌鳥における大型前方後円墳から取り上げたい。それらの被葬者の中に、倭の五王として名を連ねた人物が含まれていたことは想像に難くない。その倭王は、『古事記』（記）や『日本書紀』（紀）の天皇（大王）と重なる存在だとみる点も、衆目のほぼ一致するところであろう。

　考古学的には、古市・百舌鳥の巨大古墳について築造の順序とその暦年代を定める作業が前提となる。その成果と記紀から推測される天皇の系図（王統譜）や、『延喜式』にみえる陵墓（大王墳）の所在地の記述などとを見比べて合致すれば問題はない。しかし、そう簡単にすべてを対応できそうにないのが現況である。

　そもそも記紀の王統譜や『延喜式』の陵墓記載がどれだけ正しく伝わってきたかは、厳密に言えば不明である。したがって、それらを無視して大王墳の所在地を求めたり、既知の大王に並ぶ他の王の存在を仮定したりする論も出てくる。

　ただ、『宋書』などの倭王と記紀の天皇系譜が大枠において一致する点や、ワカタケル大王を示すとみられる埼玉稲荷山古墳の鉄剣銘などからも、記紀をまったく無視すべきではなかろう。そのため以下では、記紀に基づくと、埋めがたい矛盾が生じるのかという点に重点を置いて検討してみたい。

　まず、文献史料としての確実性が増す6世紀代の古墳をみると、大王墳は当該期で最も大型の前方後円墳だと指摘できそうである。ところが、そう想定すると、文献の記載と現在確認できる古墳との間で齟齬をきたしそうな点が存在する。

　例えば『延喜式』によれば、仁徳・履中・反正の百舌鳥三陵が中・南・北の位置にあるとされるが、百舌鳥における規模の大きな3古墳、大仙陵、上石津ミサンザイ、土師ミサンザイにあてはめると、築造の年代や順序、位置関係が整合しなくなる。ただ、平安前期において神功皇后陵と成務陵の所在地が錯誤していたことからも知られるように（『続日本後紀』承和十年（841）四月己卯条）、近接した古墳であったがために詳細な所在地伝承に混乱をきたしていたことは十分に予想

される。また、5世紀の履中・反正・安康などは在位期間が短いとされるので、古墳規模の縮小も想定すべきであり、最大規模の古墳がすべて記紀にみえる天皇の墓とは限らない。ただし、百舌鳥には多くの大型墳があるため、三陵に相当する古墳が存在すること自体を否定する必要はないだろう。

　次に問題になるのは、安康の墓である。その所在地は、大和国添下郡の菅原伏見とされる。候補となる古墳があるのかについては、在位期間の関係もあるので、巨大古墳とは限らないが、当該期の古墳として、古市の市野山古墳と類似した埴輪を有する佐紀ヒシャゲ（ヒシアゲ）古墳の存在が指摘されている（坂2013）。当古墳は菅原伏見とは言い難い場所なので、所在地伝承に信を置くべきか慎重な見極めが必要ながら、後の添下郡での立地までは否定しなくともよかろう。

　この他に問題視されるのは、先述の点と絡むが、古市・百舌鳥には大王墳の候補数を越えた大型墳が存在する点がある。古市古墳群をみると、例えば野中古墳に隣接する墓山古墳など、墳長200m前後を越す大型墳は7基ほどが確認できる。ところが、古市周辺とみられる大王墳は、『延喜式』によれば仲哀・応神・允恭・雄略の墓になり、大王の数を上回る。墓山古墳など、最大級ではないとしても、かなりの大型墳である場合、被葬者は既知の大王以外に求めざるをえない。

　確度が高く被葬者を絞り込める事例は時期が下らざるをえないので、7世紀初めの事例を参照すると、厩戸皇子の弟、来目皇子の墓は羽曳野市の塚穴古墳が有力である。大王墳の方墳化以降ながらも、この塚穴古墳は、用明や後の推古の大王墓と推測される春日向山古墳・山田高塚古墳に匹敵するほど、当時としては大型の古墳である。来目皇子は用明の子であり、在位中の推古からすると甥に当たる。大王の近親者のために大型古墳が築かれる可能性は十分に想定される。

　それをふまえて記紀の記載を辿ると、例えば応神の兄として、記では「品夜和気命」、紀では異腹の「誉屋別皇子」なる人物が記されている。応神は、記では「品陀和気命」、紀では「誉田別皇子」であるから、似た名の兄弟でもあり、近しい存在であろうから、応神が葬られた古市古墳群内の隣接地に、大王墓に準じる規模の墓が作られても不自然ではない。大王の親族は、大王墓級の墓に葬られる候補になろう。

　もちろん、そもそも仲哀や応神が実在したかなど異論も多いので、記紀をそのままに受け止めるのではなく、考古学からの史料批判が必要である。とりわけ神功皇后前後とされる混乱期には、記紀ではみられない王などが存在した可能性もあるが、大型墳の被葬者像について巨視的にみれば、記紀に伝えられる大王とその親子・兄弟あるいは妃などとみなした場合、概ね矛盾なく捉えうるのではなかろうか。

2　中小型墳の被葬者像

次に、古市・百舌鳥古墳群において大型墳の周りに分布する中小の古墳の被葬者像について考えてみたい。

例えば野中古墳については、そもそも人体を埋葬したかという議論がある。この点も詳細に検討すべきではあるが、近接する大型墳の墓山古墳よりも時期が下るため、墓山古墳に伴って築かれた施設とみるのは必ずしもふさわしくない。

ここでは、北野耕平氏の見解などに従って被葬者が存在したとみなしておくと、野中古墳は墓山古墳の陪冢（陪塚）と位置付けられることになる。その場合、そこに埋葬された人物は「原初的官僚」などと評価されることが多い。

再び新しい時期の事例を参照してみると、例えば斉明とその娘である間人皇女が合葬された墓の付近には、天智の子、斉明の孫である大田皇女が埋葬されたが、近年の調査によって前者が明日香村の牽牛子塚古墳、後者が近接する小規模な越塚御門古墳であるとみて、ほぼ間違いなくなった。大王クラスの被葬者の近親者が、大型墳の周辺の中小古墳に埋葬される可能性は十分にある。

ただし、上記のような野中古墳を代表とする陪冢の事例は、6世紀以降の大王墳では目立たなくなる。陪冢に多い大量の武器・武具の出土も、近親の女性の被葬者にはふさわしくない。したがって、後にも続く近親者の墓とは異なり、5世紀に特有の被葬者を含むとみるのが望ましいだろう。

そこで、大王家以外の被葬者となりうる人物を記紀の中から拾い出すと、1つは、大王の妃を出すような豪族層がある。そのような勢力には、葛城や吉備・日向などの豪族が挙げられるが、河内以外の大型古墳の所在地と重なり、記紀の記載も無視しがたいことになる。逆に、そのような妃を出すような豪族は、本拠地や墓の築造地も古市・百舌鳥とは別所であり、河内の古墳の被葬者に当てるのも適切とは言えない。

それ以外に記紀でみえるのは、主に2類型である。1つは、大王を補佐し、使者などとして海外を含めた各所に派遣されるような人物である。武人的な性格を持ちあわせていることが多い。もう1つは、渡来系人物で、種々の新たな技術をもたらしている。両類型の人物は、妃を出す家柄でないことが多いものの、大王のもとでの活躍が確認される。例えば、履中の危機を救う、いわば重臣や側近として、平群木菟宿禰、物部大前宿禰、渡来人の阿知使主などが出てきており、その後に国事を執る人物としても、同様の人物がみえる。

後の氏族名を冠する人物がこの時期に実在したかは疑問視する意見が強い。例えば、仲哀の頃に大連とされた大伴武日なども、そのような人物である。ただ、大伴氏の拠点の一つとみられる奈良県畝傍山南方の築坂付近には、新沢千塚古墳群が築かれ、大伴氏の奥津城の有力な候補であるが、4世紀末頃には古墳の築造を開始している。その伴としての活躍にふさわしい古墳の群集形態であり、後の氏族につながる人物が実在した可能性は十分にある（塚口2013ほか）。記紀にみえる伝承も、無碍にすべてを否定すべきではない。

ここで注意したいのは、陪冢が目立たなくなる6世紀以降の状況である。例えば物部氏は、奈良県の石上周辺などに大型の前方後円墳を築き始め、またその周辺に群集墳も築いていた。陪冢がなくなることと、氏族の根拠地での大型墳築造の開始は、一連の動きとして把握できる可能性がある。そこには、6世紀における氏族の確立と大夫などとしての地位の固定化も関連するであろう。

陪冢の被葬者を官僚とみなすと、原初的なものとしても陪冢の数は少ない。むしろ、後の大夫層に連なる重臣であれば、数の上で矛盾はない。主墳の被葬者との人格的な結びつきが強い重臣・陪臣であれば、主墳との近接度や築造時期の多少のずれも問題は生じない。さらに、軍事氏族としても名高い物部氏に連なるような人物であれば、武人的な伴などを束ね、兵器などの製造や管理に当たる職掌により、多くの武器・武具を副葬している点も整合するはずである。

ただし、物部が重臣として記紀で多くみえるのは、履中朝以降である。それを重視すると、履中の墓が所在するという百舌鳥の陪冢の被葬者に、物部の祖が含まれる可能性が浮かび上がる。それに先行する時期の古市の陪冢は、具体的な人物名を絞れないが、物部とは異なる勢力が葬られたとみるほうがよいのかもしれない。それは、5世紀前半の古市と百舌鳥に一般的な陪冢の墳丘形態として、方墳と円墳という差が存在することとの対応を考慮に入れるべきであろうか。

もちろん、陪冢として造営されるのは、後の氏族に連なる集団でも選ばれた人物のみであって、一般の有力層は大型墳とは離れつつ中小型墳を築いていたはずである。当時に活躍した渡来系の集団も、大阪府の長原古墳群をはじめとして渡来系色が濃厚な小型墳などに葬られたのであろう。

古市・百舌鳥の陪冢の被葬者としては、大王の親族などを含む可能性はあるが、武器の大量副葬がみられるのは、軍事的な活躍を示す重臣・陪臣だったと推測しておきたい。

以上、非常に雑な議論ながら、古市・百舌鳥古墳群の大型墳や中小古墳について被葬者像を辿ってみた。今後も、考古資料と文献史料との相互検証がさらに必要である。

参考文献

高橋照彦2013「首長墳の被葬者像」『古墳時代の考古学』6〈人々の暮らしと社会〉 同成社　pp.22-31

塚口義信2013「大和平定伝承の形成―神武伝説と四世紀末の争乱―」『日本書紀研究』第29冊　塙書房　pp.135-164

坂　靖2013「前・中期古墳の「治定」問題―市野山古墳と佐紀ヒシャゲ古墳を中心に―」『季刊 考古学』第124号　pp.17-21

第2部 論考「野中古墳をめぐる諸問題」

野中古墳出土甲冑の保存修理と立体展示 —有機質製冑の復元的立体展示を中心として—

塚本 敏夫

はじめに

 野中古墳では大量の甲冑（10領の短甲・冑・付属具）が1列に並んだ状況で出土して、古墳時代中期を代表する武具大量埋納古墳として学史的にも重要な古墳と位置付けられている。
 甲冑は戦闘時に人体を保護する武具であり、立体的な構造の遺物である。したがって、甲冑の保存修理では形状とその内在する情報を残すことと同時に、資料の活用という視点から、わかりやすい立体展示が望まれており、種々改良を加えて新しい展示方法を試みてきた（塚本他2002・2005・2012）。
 今回、野中古墳出土甲冑群で立体展示が可能な保存修理を行った。特に、三角板革綴襟付短甲と鉢本体が残っていない有機質製衝角付冑のセットを一般の人に理解しやすいように展示するために、残された遺物の理化学的分析や考古学的な調査を基に復元案を検討し、実物（短甲・三尾鉄・錣）と模造モデル品（樹脂製）を併用して復元立体展示を行った。本論ではその概要を中心に報告する。
 尚、保存修理は尼子奈美枝と初村武寛が、安定台作成は尾崎誠と菅野成則（スタジオ33）が、分析は山田卓司が主に行った。

1 甲冑群の学史的位置と保存修理の問題点

(1) 甲冑群の学史的位置

 甲冑群は短甲を立たせて、冑を短甲内に収納し、頸甲と肩甲を載せた状態で一列に並んだ状況で出土した。発掘担当者の北野耕平氏の努力により、現場でのバインダー等の樹脂強化で出土状況を損なわないように取り上げがなされ、その埋納状況が復元できる貴重な考古資料である。

(2) 甲冑群の保存修理の問題点

 甲冑群は埋納時の土圧により、後胴押付板が前胴側に倒れ、形が変形していた。また、短甲に載せられた頸甲と肩甲が短甲に錆着して分離できない資料や、前胴と後胴の隙間に掛かっていた肩甲の一部分が落下し、欠損、または砕片化して接合検討が困難な資料がほとんどであった。さらに、細分化された大量の破片群が長年の保管管理の中で、散逸してしまった破片が少なくないという問題があった。

2 甲冑の保存修理と立体展示の概要

(1) 修理対象甲冑

 今回の保存修復事業で（公財）元興寺文化財研究所が行ったものは、11領の甲冑群の中で短甲4領（1号、6号、7号三角板鋲留短甲・肩甲・頸甲と10号三角板革綴襟付短甲）と冑8鉢（2号、3号、5号、6号、7号小札鋲留眉庇付冑・板錣と8号、9号、10号有機質製衝角付冑・板錣と鉄地金銅張三尾鉄）である。

(2) 甲冑の保存修復方針

 野中古墳出土甲冑の保存修復では、劣化の進行を抑え、錆化有機質情報も含めて資料的価値を損なわないように保存修理したうえで、広く活用できるように、一般の人にも甲冑本来の姿が理解できる立体的な復元展示を目指した。
 貴重な文化財として、後世に残し伝えるために、安全に展示ができ、研究資料としても内面観察が可能な復元修理を原則とする修理方針で行った。

(3) 甲冑の安定台による立体展示

短甲 短甲の修理復元では型取りをした安定台で短甲の自重を均等に分散させて応力集中をさける安全な支持方法とした。

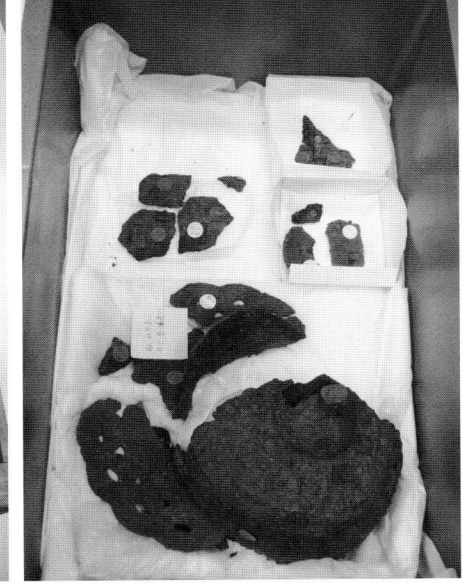

図1　修理前の甲冑類の状況（右：短甲　左：冑）

また、土圧による変形が激しいため、本来は一連の短甲でも分離して組上げ、立体展示ができるように分割して安定台で復元するアッセンブリー復元を行った。この方法により、支持台から取り外すことによって、内面の情報も観察可能とした。

冑 冑は部品の残存率により、欠損部分を樹脂復元したものと、残りの良好な冑をモデルに鉢部の樹脂模造品を作製し、そこに破片を安置する小型の安定台を埋め込み復元するものの2通りの立体復元を行った。

甲冑としての立体展示 短甲の安定台に冑・錣、肩甲・頸甲等の各部品をそれぞれ安置する小型の安定台を複数組み合わせることにより、甲冑を人体に装着した状態で安全に、そして分解可能な状態で立体展示できる安定台を作製した。特に、貸し出し時の展示スペースをも考慮して、前胴、後胴を分割可能として、立体復元展示の他、背後から開いた形の展開展示や前胴、後胴を並列する分割展示が行えるようにしたのが特徴といえる。

3　10号三角板革綴襟付短甲の保存修理と立体展示

10号三角板革綴襟付短甲を例に保存修理の内容と立体展示のための安定台の製作工程を紹介する。

(1) 保存修理工程

① **遺物の搬入**　遺物の搬入を美術品専用車で安全に行った。
② **修理前調査**　修理前に写真・X線撮影・メタルチェック、材質・有機質の分析・同定を行った。
③ **修理方針検討**　修理前調査の検討結果から修理方針を決定した。襟付短甲では錆の進行がなく、メタル残存もないことから、革等の有機質情報の保護を優先して脱塩処理を行わず、樹脂含浸と樹脂コーティングでの防錆・強化のみを行う修理方針とした。
④ **クリーニング**　錆化有機質情報を残しながら不要な土、錆の除去をメス・グラインダー・エアーブラシ等で慎重に取り除いた。
⑤ **樹脂含浸・コーティング**　有機質をパラロイドB72で養生し、フッ素系アクリル樹脂（Vフロン）を計3回減圧含浸し、その後、低濃度の同一樹脂を3回コーティングして防錆強化を行った。
⑥ **接合・復元**　部材毎に破片の接合検討を行い、エポキシ系接着剤で接合を行い、欠損部は必要に応じてエポキシ樹脂で復元した。
⑦ **展開検討とアッセンブリー復元**　構成部材の組上げのための展開検討を行い、安定台での復元のためのアッセンブリー復元を行った。襟付短甲では左右前胴、後胴3分割、左右の脇部にあたる鰭部下半と半月板の計9分割で復元した。部材と部材の接合には、革綴の情報を優先して最小限の接着に留めた。
⑧ **古色仕上げ**　復元部をアクリル絵具で表面は古色仕上げで裏面は単色で彩色を行った。
⑨ **修理後記録**　修理後の写真、X線を撮り、保存修理は完成。

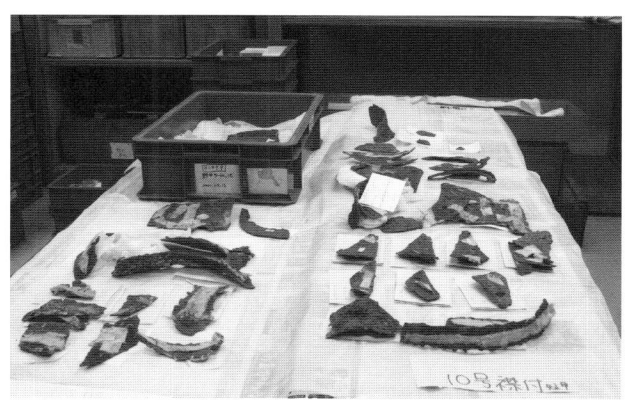

図2　10号襟付短甲（上：修理前　下：接合検討後の部材展開）

(2) 安定台の製作工程

① 錫箔による遺物の養生。
② シリコン樹脂による型取り。
③ 石膏によるサポート。
④ 原型の成形（型からエポキシ樹脂で成型品を制作する）。
⑤ 本体基部を制作する。
⑥ 安定台の位置合わせを行う。
⑦ 後胴・前胴の設置。
⑧ 鰭部・半月板用ブラケットの設置。
⑨ 鰭部・半月板の設置。
⑩ 冑台を設置して安定台完成。

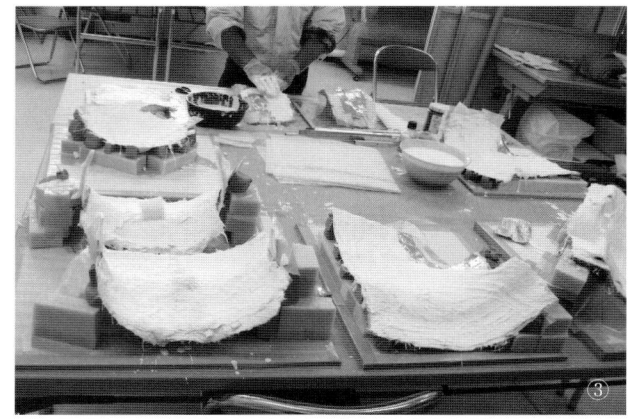

図3　10号襟付短甲の安定台の製作工程（番号は工程を示す）

4　有機質製衝角付冑の理化学的分析と立体展示

野中古墳では三角板革綴襟付短甲という特異な短甲と、それに伴う鉄地金銅張三尾鉄という装飾品が付属した有機質製衝角付冑が3領出土している。ここでは有機質製衝角付冑の理化学的分析結果と今回採用した立体展示について紹介する。

(1) 有機質製冑の既往の認識

有機質製冑は北野氏により、三尾鉄・板錣と心葉形の鉢金の存在から衝角付冑の形式であること、鉢金の表面、板錣の内面、三尾鉄の下面に獣毛が付着していることから、鉢本体が獣毛付の皮革製で、9号短甲の底部付近に獣毛付着の黒漆膜が広がっていたことから獣毛を黒漆で固めたものと認識され、鉢金も革に包み込んで芯金として用いたと推定されてきた（北野1976）。また、大阪府近つ飛鳥博物館の復元模造品では北野の見解を受けて製作したが、獣毛を黒漆で固めることはしなかった（一瀬他編1998）。

(2) 有機質製冑の理化学的分析

有機質製冑の材質・構造を知る目的でX線ラジオグラフィでの透過観察、実態顕微鏡で付着物の観察と蛍光X線分析による材質分析を行った。

図4　8号冑の鉢金の毛皮様部分の顕微鏡画像（下図拡大）

図5　9号錣の繊維様部分の顕微鏡画像（下図拡大）

8号冑　鉢金には約70μm径の大型哺乳類（鹿、馬、牛等）の毛皮が観察された（図4）。繊維状部分の赤色部分では水銀（Hg）が検出され、赤色顔料として朱が考えられた。また、X線ラジオグラフィの読影からは錆化有機質が襷掛けで巻かれている可能性が考えられた（図8）。しかし、板錣の内側にも、三尾鉄の裏側にも確実な獣毛の痕跡は確認できなかった。

9号冑　三尾鉄の裏側には約70μm径の大型哺乳類（鹿、馬、牛等）の毛皮が観察された。しかし、獣毛に塗られた黒漆状の痕跡は確認できなかった。また、赤色塗膜状のものが確認され、分析では、鉄錆由来の可能性が考えられた。錣では獣毛は確認できなかった。4辺を縁取る覆輪状の革帯と共に、大麻や苧麻といった植物製の繊維状の帯も確認できた（図5）。従来の想定以上に装飾性が高かった可能性があろう。また、裏側では取付け用の綴紐と推定される撚糸状の繊維も確認できた。報告書では9号冑の鉢金には獣毛付の黒漆膜が付着していた図面があるが、現在所在不明となっており、今回の修理では確認できなかった。

10号冑　錣の表裏面、三尾鉄の裏側には約70μm径の大型哺乳類（鹿、馬、牛等）の毛皮が観察された。しかし、漆の痕跡は確認できなかった。錣では4辺を縁取る覆輪状の革帯部分の赤色部分では水銀（Hg）が検出され（図7）、赤色顔料として朱が考えられた。三尾鉄の直下には植物製の繊維が確認できた。おそらく、下地布であろう。また、綴紐も確認でき、絹製の布を撚って紐状にしている。

三尾鉄　蛍光X線分析の結果、3点ともに、表層で金（Au）と水銀（Hg）を検出したことから銅地に水銀アマルガム法で鍍金を行い金銅板が製作され、鉄地に端部を折り曲げて留

図6　10号錣の皮革様部分（赤色部分）の顕微鏡画像

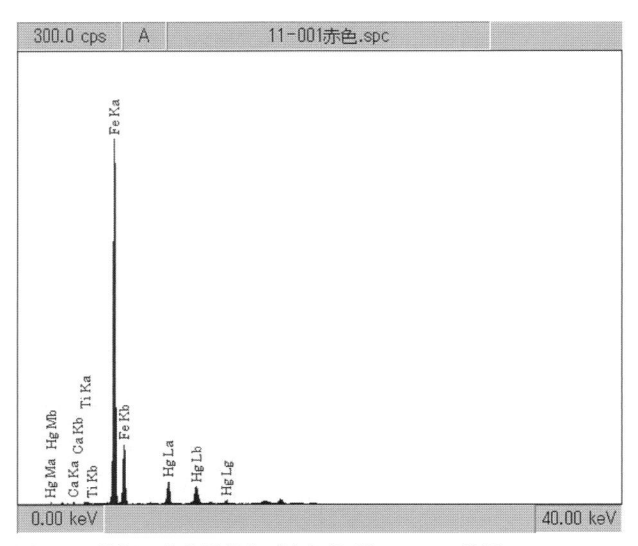

図7　10号錣の皮革様部分（赤色部分）のXRF結果

めている構造が確認できた。但し、8号三尾鉄は金銅板の痕跡がほとんど残っておらず、非常に薄い金銅板であったと推定され、製作技法に違いがあった可能性もある。

脚部の構造については紙幅の関係から割愛した。

(3) 有機質製冑の構造認識と立体復元

現存する鉢金、三尾鉄、板錣の観察と分析結果から推定できる構造認識から、有機質製冑の立体展示を試みた。

鉢の復元モデル　鉢の形状は衝角付冑の形式であることは間違いなく、材質については獣毛の痕跡から獣毛付の毛皮が使用されていたことも確認できた。しかし、獣毛を黒漆で固めて硬化した事実は確認できなかった。また、10号冑には鉢金が伴わない点や板錣の覆輪状の革帯の装飾、三尾鉄のなど、3鉢は微妙に構造や装飾が異なっていた可能性が高い。鉢のモデルに関しては、冑形埴輪をモデルにする案もあったが、埴輪は形状がデフォルメされている場合が多く、また、木製冑が鉄製冑をモデルにしている事例（塚本他2007）もあり、同時期に近く、衝角が鋭角な鉄製冑の鉢をモデルに鉢部の樹脂模造品を作製した。そこに三尾鉄、鉢金の破片を安置する小型の安定台を埋め込み立体復元を行った。

鉢金の設置位置　問題となったのが8号冑の鉢金の復元位置である。鉢金を観察すると先端部が外方向に屈曲している。先端が折損して正確な屈曲長は不明であるが、革製鉢を綴じ合せる衝角部の形状に沿った形状であることが判明した。従来、毛皮を包み込む芯金としていたが、獣毛を包み込むのは非常に困難であり、鉢金付着の獣毛が革部分の厚みを残していない点、朱が付着した繊維状の存在（鉢金の綴付用か？）からも内面ではなく、外面に設置されていた可能性が高いと推定した。

設置位置であるが、獣毛を漆で硬化させているなら革鉢本体に錣付孔を空けて垂下しても強度的に問題ないが、漆で硬化されていない状態で鉄製板錣を垂下するには無理がある。このことは胡籙の復元製作の経験からも明らかである。そこで鉢金から括付絨の要領で垂下する構造が合理的と推定した。その場合、板錣の織孔が中央付近にある点と出土状況の鉢金の位置が若干浮いている出土状況図（図9）からも鉢金の位置が下端より若干上になり、襷状に括りつける復元案が想定される。この関係は9号鉢金と板錣の出土状況と9号板錣の織孔が中央より上側にある事実とも調和的である。しかし、それはあくまで想定案であり、甲冑研究者を招いた検討会では、阪口英毅氏から下端に覆輪のように鉢金を組付け、そこから板錣を綴付けるという復元案も提示され、現状としては設置位置を積極的に決める技術的な根拠はないのが実情である。9号鉢金の分析・観察ができない状況でもあり、今回は出土状況の位置を尊重して下端より1.5cm程浮かした位置に設置する復元案をとった。

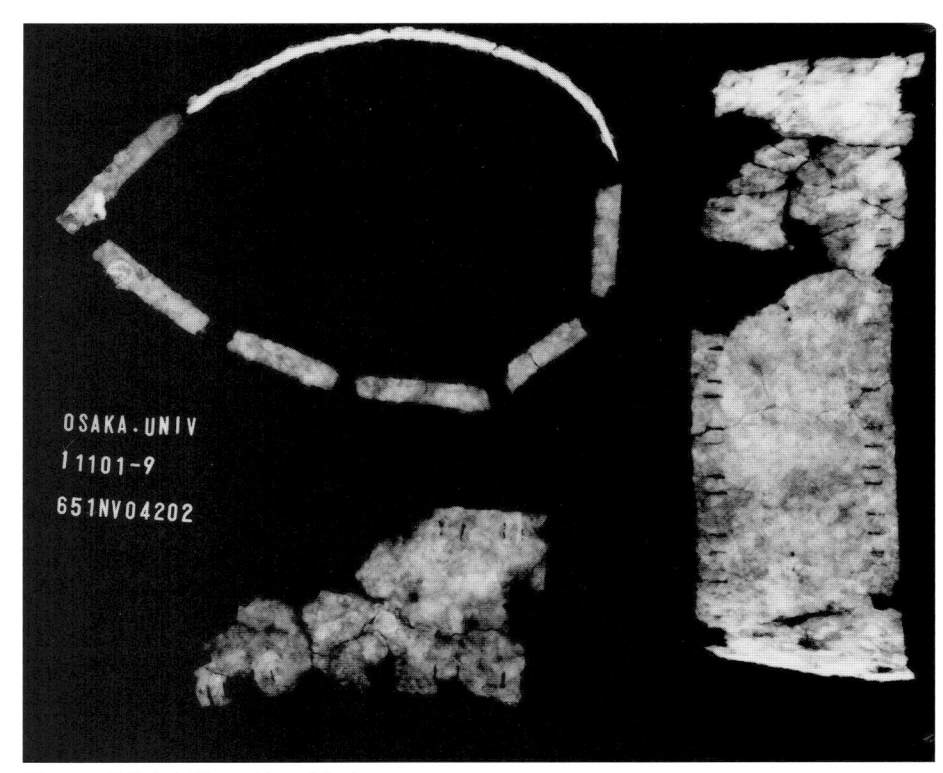

図8　8号鉢金と錣のX線ラジオグラフィ

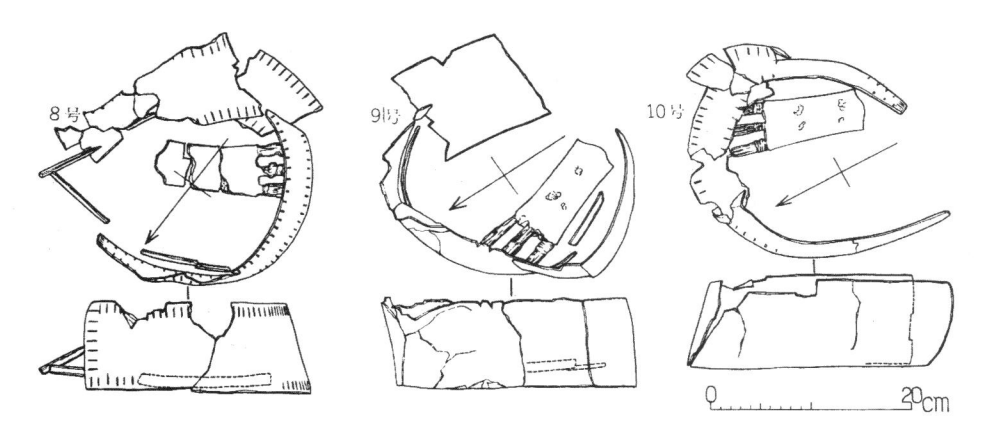

図9　8・9・10号冑の出土状況図（北野1976より転載）

5　おわりに

　今回、野中古墳出土の甲冑群の保存修復にあたって、支持台と組上げブラケットの工夫により、不完全ながら現時点で安全性を保ちながら甲冑の持っている情報を最大限引き出せる立体復元を行えた。考古資料の保存修理は変形、崩壊から資料的価値を失わないように延命処置を行うことから、更に一歩進んだ資料の公開・活用をはかれるために、より良い展示方法も踏まえて、新しい修復技術を開発・改良してゆくべきであろう。

参考文献
北野耕平1976『河内野中古墳の研究』大阪大学文学部国史研究室研究報告第2冊
一瀬和夫他編1998『近つ飛鳥工房』大阪府近つ飛鳥博物館図録15
塚本敏夫他2002「分離合体型支持台による甲冑の復元と展示」日本文化財科学会第19回大会研究発表要旨集
塚本敏夫他2005「分離可動型支持台と復元模造パーツを組み合わせた甲冑の復元と展示」日本文化財科学会第22回大会研究発表要旨集
塚本敏夫他2007「Ⅳ徳丹城跡 SE1300井戸跡出土木製品について」『徳丹城跡　第65次発掘調査』矢巾町教育委員会
塚本敏夫他2012「分離・合体可能な甲冑の復元と展示」日本文化財科学会第29回大会要旨集

図10　8号有機質製冑と付属具の復元立体展示

Nonaka Kofun and the Age of the Five Kings of Wa
— The Government and Military of 5th-Century Japan —

Contributors

FUKUNAGA Shin'ya	(Graduate School of Letters, Osaka University)
TAKAHASHI Teruhiko	(Graduate School of Letters, Osaka University)
NAKAKUBO Tatsuo	(Graduate School of Letters, Osaka University)
HASHIMOTO Tatsuya	(Kagoshima University Museum)
SUZUKI Kazunao	(Hamamatsu City Cultural Properties Division)
SAKAGUCHI Hideki	(Graduate School of Letters, Kyoto University)
TSUKAMOTO Toshio	(Gangoji Institute for Research of Cultural Property)
TACHIBANA Izumi	(Graduate Student, Graduate School of Letters, Osaka University)
MIYOSHI Yūtarō	(Graduate Student, Graduate School of Letters, Osaka University)
TAKEUCHI Yūki	(Graduate Student, Graduate School of Letters, Osaka University)
Joseph RYAN	(Graduate Student, Graduate School of Letters, Osaka University)
UEDA Naoya	(Graduate Student, Graduate School of Letters, Osaka University)
KIRII Riki	(Graduate Student, Graduate School of Letters, Osaka University)
SAEKI Ikuno	(Graduate Student, Graduate School of Letters, Osaka University)

(Authors listed in no particular order)

January 30, 2014
Edited by: Graduate School of Letters, Osaka University
Published by: Osaka University Press
Printed by: YUBUNSHA Co., LTD.

Foreword

Nonaka Kofun (Fujiidera City, Osaka Prefecture) – excavated in March 1964 by the Osaka University School of Letters – is located in the Mozu-Furuichi Kofun Group, which is currently on Japan's Tentative List submitted to the UNESCO World Heritage Centre for consideration as a World Heritage Site. Stretching from Fujiidera to Habikino, the Furuichi Kofun Group (traditionally paired with the Mozu Kofun Group of Sakai City) is home to numerous monumental keyhole-shaped tombs built 1500-1600 years ago, some of which belong to the "Five Kings of Wa" known from Chinese historical records.

Nestled among giant tombs measuring over 200 meters long, Nonaka Kofun is a relatively small square tomb, measuring less than 40 meters to a side; its burial goods, however, are truly remarkable in both quality and quantity.

In particular, the 11 suits of iron armor uncovered from Nonaka Kofun mark one of the largest finds of armor from a single tomb in Japan. Three of the suits are of a special construction, with a collar and flared wings; examples have been found from less than ten tombs throughout Japan. Additionally, the decorative ornaments that would have originally been attached to the three leather helmets are gilt bronze – the only known gilt bronze examples in Japan. Its truly impressive burial goods therefore have immense academic value and are integral to our understanding of Kofun-period Japan.

Over 1500 years in the ground, however, these precious iron artifacts were greatly weakened and damaged by rust and the passage of time. Even after their excavation, their storage and treatment was insufficient to stop further deterioration. To ensure that Nonaka Kofun's cultural and academic contributions are fully realized, the Graduate School of Letters at Osaka University has embarked on an ambitious project to preserve and restore the burial goods.

The preservation and restoration of Nonaka Kofun's iron armor was made possible by a grant from the Agency for Cultural Affairs, as part of its annual project aimed at revitalizing local communities through the promotion of cultural heritage. We were also greatly assisted over the course of several years by private grants from multiple organizations, including The Asahi Shimbun Foundation and The Sumitomo Foundation. We would like to extend our deepest gratitude for all the support and assistance received.

This catalogue presents the results of such preservation efforts. Additionally, it also serves as a vehicle for research exploring the age of the mysterious "Five Kings of Wa", utilizing artifacts uncovered from tombs in the Kawachi area, where the Osaka University School of Letters has long conducted excavation work.

This year marks the 50th anniversary of the excavation of Nonaka Kofun. It is our great pleasure to be able commemorate this occasion by preserving the longevity of Nonaka Kofun's burial goods and releasing this special exhibition catalogue.

In closing, I would like to once again express my gratitude to all those whose assistance proved so vital to this project. As befitting Osaka University and its motto of "Live Locally, Grow Globally", we sincerely hope that this publication serves not only to deepen understanding of the historical significance of the Furuichi Kofun Group, but also to assist efforts aimed at revitalizing local communities, as Japan pushes for the inscription of the Mozu-Furuichi Kofun Group as a UNESCO World Heritage Site.

January 2014

NAGATA Yasushi
Dean, Graduate School of Letters
Osaka University

Contents

Foreword

Acknowledgements and Notes

Part One

Catalogue: Nonaka Kofun and the Tombs of Kawachi

Front plates

1   The Age of the Five Kings of Wa

   (1) The Archaeology of the Five Kings of Wa

           (Tachibana Izumi and Kirii Riki)

   (2) The Excavation of Nonaka Kofun (Nakakubo Tatsuo)

Column 1   The Academic Significance of the Excavation of Nonaka Kofun (Hashimoto Tatsuya)

2   "Military Matters are at the Heart of Government" – Arms and Armor

   (1) Armor (Miyoshi Yūtarō)

Column 2   Armor: Types and Components

           (Suzuki Kazunao)

   (2) Swords and Spears (Joseph Ryan)

   (3) Arrowheads (Miyoshi Yūtarō)

3   Technological Innovation and Kofun Ritual

   (1) New Iron Tools and the Age of Major Land Development (Takeuchi Yūki)

   (2) Pottery and Interaction within East Asian

       (Saeki Ikuno, Kirii Riki, and Nakakubo Tatsuo)

   (3) Kofun Ritual, *Haniwa*, and Stone Objects

       (Tachibana Izumi and Ueda Naoya)

4   The Formation and Essence of the Furuichi Kofun Group

   (1) Before the Furuichi Kofun Group (Ueda Naoya)

   (2) The Satellite Tombs of Hakayama Kofun and Konda-gobyōyama Kofun

       (Tachibana Izumi and Joseph Ryan)

   (3) The East Asian Political Environment and the Furuichi-Mozu Kofun Group (Nakakubo Tatsuo)

Column 3   Satellite Tombs (Nakakubo Tatsuo)

Part Two

Discussion: Understanding Nonaka Kofun

   The Context behind the Furuichi Kofun Group's Formation

           Fukunaga Shin'ya

   The Mass Burial of Armor in Nonaka Kofun and the Arms and Armor of the Wa Kings

           Hashimoto Tatsuya

   The Date of Nonaka Kofun's Construction and the Character of Satellite Tombs

           Suzuki Kazunao

   Issues in the Research of Collared Cuirasses

           Sakaguchi Hideki

   A Comparative Approach to the Armor of Nonaka Kofun

           Miyoshi Yūtarō and Takeuchi Yūki

   The Pottery of Nonaka Kofun and its Significance

           Nakakubo Tatsuo

   The Representational *Haniwa* of Nonaka Kofun

           Tachibana Izumi

   The Identity of Those Buried in the Furuichi-Mozu Kofun Group

           Takahashi Teruhiko

   Preservation, Restoration, and Reconstruction of Nonaka Kofun's Iron Armor: A Three-Dimensional Reconstruction of the Organic Helmets

           Tsukamoto Toshio

Part One Captions

Title Page	Furuichi Kofun Group (foreground: Hakayama Kofun; background: Konda-gobyōyama Kofun)
Plate 1	Armor from Nonaka Kofun
Plate 2	Suit no. 10 (thonged triangle-plate collared cuirass with leather keeled helmet)
Plate 3	Iron tools and farming implements from Nonaka Kofun
Plate 4	Stone and earthenware objects from Nonaka Kofun
Fig.1	Furuichi Kofun Group and Nonaka Kofun
Fig.2	Location of burial goods within burial facility (after drawing by KITANO Kōhei)
Fig.3	Excavation of Nonaka Kofun
Fig.4	KITANO Kōhei during excavation of Nonaka Kofun
Fig.5	Comparison of armor sets
Fig.6	Side hinges (marked by white circles) on suit no. 7 (riveted triangle-plate cuirass)
Fig.7	Leather covering (top arrow) and thonging (lower two arrows) on suit no. 9 (thonged triangle-plate collared cuirass)
Fig.8	Suit no. 1 (riveted triangle-plate cuirass)(front)
Fig.9	Suit no. 1 (riveted triangle-plate cuirass)(rear)
Fig.10	Suit no. 2 (riveted horizontal-plate cuirass)(front)
Fig.11	Suit no. 2 (riveted horizontal-plate cuirass)(rear)
Fig.12	Suit no. 3 (riveted horizontal-plate cuirass)(front)
Fig.13	Suit no. 3 (riveted horizontal-plate cuirass)(rear)
Fig.14	Suit no. 4 (riveted horizontal-plate cuirass)(front)
Fig.15	Suit no. 4 (riveted horizontal-plate cuirass)(rear)
Fig.16	Suit no. 5 (riveted horizontal-plate cuirass)(front)
Fig.17	Suit no. 5 (riveted horizontal-plate cuirass)(rear)
Fig.18	Suit no. 6 (riveted triangle-plate cuirass, neck guard, shoulder guard, riveted scale helmet with visor)
Fig.19	Suit no. 7 (riveted triangle-plate cuirass, neck guard, shoulder guard, riveted scale helmet with visor)
Fig.20	Suit no. 8 (thonged triangle-plate collared cuirass)(front)
Fig.21	Suit no. 8 (thonged triangle-plate collared cuirass)(rear)
Fig.22	Suit no. 9 (thonged triangle-plate collared cuirass)(front)
Fig.23	Suit no. 9 (thonged triangle-plate collared cuirass)(rear)
Fig.24	Suit no. 9 (thonged triangle-plate collared cuirass, leather keeled helmet)
Fig.25	Suit no. 10 (thonged triangle-plate collared cuirass)(front)
Fig.26	Suit no. 10 (thonged triangle-plate collared cuirass)(rear)
Fig.27	Suit no. 11 (riveted horizontal-plate cuirass)
Fig.28	Neck guard no. 4
Fig.29	Neck-and-shoulder-guard set no. 1 (front)
Fig.30	Neck-and-shoulder-guard set no. 2 (front)
Fig.31	Iron faulds no. 3
Fig.32	Helmet no. 6 (riveted scale helmet with visor)
Fig.33	Helmet no. 8 (leather keeled helmet)
Fig.34	Sets of armor from Nonaka Kofun
Fig.35	Components of Kofun-period armor
Fig.36	Feathered helmet ornament (top)
Fig.37	Feathered helmet ornament (bottom)
Fig.38	Types of iron arrowheads
Fig.39	Iron swords (eight on left: single-edged; remaining two: double-edged)
Fig.40	Iron arrowheads
Fig.41	Iron tools and farming implements
Fig.42	Types of tools

Fig.43	Iron nails
Fig.44	Iron ingots
Fig.45	Political map of the southeastern Korean Peninsula
Fig.46	Miniature jars with handle and lid
Fig.47	Stoneware and Sue-ware jar, pottery stands, and footed jar
Fig.48	Designs found on stoneware and Sue ware
Fig.49	Sherds of stoneware and Sue-ware jars and pottery stands
Fig.50	Haji ware
Fig.51	Cylindrical *haniwa* uncovered during excavation
Fig.52	Parts of *haniwa* (see Fig. 53, f marks *haniwa* under care of Fujiidera City Board of Education)
Fig.53	Cylindrical and representational *haniwa* (some under care of Fujiidera City Board of Education)
Fig.54	Examples of brush-marks on cylindrical *haniwa*
Fig.55	Fine incisions on cylindrical *haniwa*
Fig.56	Enclosure-shaped *haniwa* (entrance seen from interior)
Fig.57	Types of talc and earthenware objects
Fig.58	Stone mortar and pestle
Fig.59	Sword-shaped talc imitations, perforated discs, and curved (*magatama*) and mortar-shaped (*usudama*) beads (artifacts under care of Fujiidera City Board of Education)
Fig.60	Knife-shaped talc imitation objects
Fig.61	Furuichi Kofun Group and its environs
Fig.62	Imported triangular-rim three-deity three-beast mirror with beast motif band from Manai Kofun
Fig.63	Domestic triangular-rim three-deity three-beast mirror with beast motif band from Komagatani-miyayama Kofun
Fig.64	Domestic triangular-rim three-deity three-beast mirror from Nukudani-kitazuka Kofun (mirror no. 3)(bears auspicious inscription: "of singular wonder")
Fig.65	Domestic triangular-rim three-deity three-beast mirror from Nukudani-kitazuka Kofun (mirror no. 2)(bears auspicious inscription: "of singular wonder")
Fig.66	Burial goods from Manai Kofun
Fig.67	Haji ware from Manai Kofun
Fig.68	TLV mirror from Komagatani-kita Kofun
Fig.69	Stone bracelets from Nukudani-kitazuka Kofun
Fig.70	Beads from Nukudani-kitazuka Kofun
Fig.71	Collared-cuirass *haniwa* fragment from Hakayama Kofun
Fig.72	Diagram of collared cuirass (suit no. 10) from Nonaka Kofun (seen from rear); shadowed section indicates area represented by collared-cuirass *haniwa* fragment from Hakayama Kofun
Fig.73	Collared-cuirass *haniwa* fragment (interior) from Hakayama Kofun (artifact under care of The Kyoto University Museum)
Fig.74	Collared-cuirass *haniwa* fragment (exterior) from Hakayama Kofun (artifact under care of The Kyoto University Museum)
Fig.75	Northern burial facility of Ariyama Kofun (1)
Fig.76	Northern burial facility of Ariyama Kofun (2)
Fig.77	East Asia of the 5th century
Fig.78	Konda-gobyōyama Kofun and surrounding tombs
Tab.1	Typological breakdown by group of iron arrowheads from Nonaka Kofun

(English translation prepared by Joseph RYAN)

執筆者一覧

福永　伸哉（大阪大学大学院文学研究科）
高橋　照彦（大阪大学大学院文学研究科）
中久保辰夫（大阪大学大学院文学研究科）
橋本　達也（鹿児島大学総合研究博物館）
鈴木　一有（浜松市文化財課）
阪口　英毅（京都大学大学院文学研究科）
塚本　敏夫（元興寺文化財研究所）
橘　　　泉（大阪大学大学院文学研究科大学院生）
三好裕太郎（大阪大学大学院文学研究科大学院生）
竹内　裕貴（大阪大学大学院文学研究科大学院生）
ライアン・ジョセフ（大阪大学大学院文学研究科大学院生）
上田　直弥（大阪大学大学院文学研究科大学院生）
桐井　理揮（大阪大学大学院文学研究科大学院生）
佐伯　郁乃（大阪大学大学院文学研究科大学院生）

（順不同）

協力機関・協力者一覧

大阪府教育委員会、大阪文化財研究所、京都大学総合博物館、大阪府立近つ飛鳥博物館、九州国立博物館、堺市博物館、二上山博物館、藤井寺市教育委員会、寿福写房、元興寺文化財研究所、古美術修理すぎもと、尼子奈美枝、市村慎太郎、伊藤幸司、今津節生、上原真人、尾崎誠、北野耕平（故人）、阪口英毅、佐々木理、清水和明、寿福滋、杉本和江、杉本圭祐、鈴木一有、清家章、塚本敏夫、續伸一郎、都出比呂志、寺前直人、豊島直博、橋本達也、橋本英将、初村武寛、藤田浩明、三好玄、村上由美子、森本徹、吉井秀夫（順不同、敬称略）

主要参考文献（全般）

香芝市二上山博物館2008『二上山麓の考古学―河内の古墳―』
藤直幹・井上薫・北野耕平1964『河内における古墳の調査』大阪大学文学部国史研究室
北野耕平1976『河内野中古墳の研究』大阪大学文学部国史研究室
堺市博物館2009『仁徳天皇陵古墳築造―百舌鳥・古市の古墳群からさぐる―』
白石太一郎編2008『近畿地方における大型古墳群の基礎的研究』奈良大学文学部文化財学科
杉井健・上野祥史編2012『マロ塚古墳出土品を中心とした古墳時代中期武器武具の研究』国立歴史民俗博物館
近つ飛鳥博物館2011『百舌鳥・古市の陵墓古墳―巨大前方後円墳の実像―』
都出比呂志編1989『古代史復元6　古墳時代の王と民衆』講談社
羽曳野市史編纂委員会1994『羽曳野市史』第3巻　史料編1　羽曳野市
福永伸哉2005『三角縁神獣鏡の研究』大阪大学出版会
藤井寺市教育委員会1991『石川流域遺跡群発掘調査報告Ⅵ』
藤井寺市教育委員会1997『西墓山古墳―古市古墳群の調査研究報告Ⅲ―』
埋蔵文化財研究会2003『埴輪―円筒埴輪製作技法の観察・認識・分析―』発表要旨集

大阪大学総合学術博物館叢書　10

野中古墳と「倭の五王」の時代

2014年2月1日　初版第1刷発行　　　　　　　　　　　［検印廃止］
2014年3月25日　初版第2刷発行

編　著　　高橋照彦・中久保辰夫
発行所　　大阪大学出版会
　　　　　代表者　三成賢次
　　　　　〒565-0871　大阪府吹田市山田丘2-7
　　　　　　　　　　大阪大学ウエストフロント
　　　　　電話　06-6877-1614
　　　　　FAX　06-6877-1617
　　　　　URL：http://www.osaka-up.or.jp
印刷所　　㈱遊文舎

© Graduate School of Letters, Osaka University 2014　　　Printed in Japan
ISBN 978-4-87259-220-7　　C1321

Ⓡ〈日本複製権センター委託出版物〉
本書を無断で複製複製（コピー）することは、著作権法上の例外を除き、禁じられています。
本書をコピーされる場合は、事前に日本複製権センター（JRRC）の許諾を受けてください。
JRRC〈http://www.jrrc.or.jp　　eメール：info@jrrc.or.jp　電話：03-3401-2382〉